Uwe Koos
Konrad J. Richter

Das Gestaltungsbuch

Gestaltungslehre für das Berufsfeld Farbtechnik und Raumgestaltung

Ernst Klett Verlag
Stuttgart München Düsseldorf Leipzig

Zu den Autoren:

Uwe Koos ist Farbberater BEF (Bund Europäischer Farbberater) im IACC (International Association of Colour Consultans). Seit vielen Jahren ist er für die Farbenindustrie tätig. Er leitet verantwortlich die StoDesign International Studios für Farb- und Architekturgestaltung, die sich in Deutschland, Österreich, der Schweiz und den USA befinden.

Neben der Entwurfsarbeit und der Objektgestaltung sind Fachseminare und Vorträge Schwerpunkte seiner Tätigkeit. Er ist ständiger Referent bei Weiterbildungsveranstaltungen für Fachlehrer, an Fachschulen und Universitäten in Europa und den USA.

Konrad J. Richter ist Oberstudienrat an den Berufsbildenden Schulen des Rhein-Sieg-Kreises in Hennef. Er bildet dort Maler und Lackierer aus und leitet den Bereich Farbtechnik und Raumgestaltung.

Er entwickelt und leitet Fort- und Weiterbildungskurse für Kollegen und Kolleginnen in verschiedenen Bundesländern. Seine pädagogische Kompetenz und sein Fachwissen stellt er dem dualen Partner auf allen Ebenen zur Verfügung – von der Innung im Prüfungsausschuss über den Bildungsausschuss des Landesinnungsverbandes Nordrhein bis hin zu den Gremien des Hauptverbandes des Deutschen Maler- und Lackiererhandwerks.

Beide Autoren stehen im ständigen Dialog mit Architekten, Planern und dem Maler- und Lackiererhandwerk.

Dieses Werk folgt der reformierten Rechtschreibung und Zeichensetzung. Rechtschreibreform

Gedruckt auf Papier, das aus chlorfrei gebleichtem Zellstoff hergestellt wurde.

1. Auflage 1 5 4 3 2 1 | 2000 1999 98 97 96

Alle Drucke dieser Auflage können im Unterricht nebeneinander benutzt werden, sie sind untereinander unverändert. Die letzte Zahl bezeichnet das Jahr dieses Druckes.

Zeichnungen: Jürgen Neumann, Rimpar / Martin Herdeg, Leonberg / Bettina Herrmann, Stuttgart
Fotos: Uwe Koos, Stühlingen
Buchgestaltung: Bettina Herrmann
Druck: Milanostampa, Farigliano. Printed in Italy.
ISBN 3-12-817810-6

Vorwort

Mit diesem Gestaltungsbuch wenden wir uns an alle, die an und in Bauwerken gestalten: In erster Linie an Maler und Lackierer und Raumausstatter; aber wir sind davon überzeugt auch angehenden Innenarchitekten, Architekten und Bauingenieuren viel handwerkliches Rüstzeug für die Gestaltungspraxis, viele Ideen und Tips vermitteln zu können.

Wir verstehen Gestalten als Prozess, der die Wechselwirkungen zwischen ästhetischen und funktional begründeten Gesichtspunkten untersucht. Mit diesem Ansatz möchten wir die handwerklichen Fähigkeiten und die Kreativität der Benutzer und Benutzerinnen fördern: Der Schwerpunkt liegt in der Umsetzung in gestaltende Tätigkeiten.

Daraus ergibt sich der Aufbau des Gestaltungsbuches:

Im Informationsteil eines jeden Kapitels haben wir die gestalterischen, handwerklich-technischen und technologischen Aspekte der behandelten Inhalte bis in die Bildauswahl zusammengeführt. Die zusammenhängenden Bildreihen stellen jeweils ein Beispiel aus den Bereichen Natur – Mensch – Malerhandwerk/Architektur/Technik dar. Weiterhin enthalten die Informationsteile beispielhafte Zusammenstellungen von Materialcollagen und Gestaltungsentwürfen sowie dem Stand der Technik entsprechende computergestaltete Farbentwürfe.

Wichtig ist uns die Vermittlung analytischen Vorgehens bei der Vorbereitung und Bestandsaufnahme der Baukörper- und Raumgestaltung.

Der fachpraktische Teil jedes Kapitels enthält einen Fragenkatalog zur Kenntnisüberprüfung sowie im Schwierigkeitsgrad aufbauende Aufgaben zur Gestaltungspraxis. Die notwendigen Konstruktions- und Gestaltungstechniken werden praxisorientiert in den einzelnen Aufgaben abgehandelt.

Wir wünschen Ihnen mit dem Gestaltungsbuch anregende und kreative Stunden und freuen uns auf einen Dialog mit Ihnen.

Viel Freude und Erfolg bei der Arbeit mit diesem Buch.

Autoren und Verlag

Inhalt

Kapitel ***I*** **Licht** **6**

1. Lichtquellen 6
2. Lichtwirkungen 7
3. Lichteigenschaften 8
4. Lichtauswirkungen 10
5. Weißes und farbiges Licht 13
6. Gestaltungspraxis 14

Kapitel ***II*** **Farbe** **20**

1. Farbtöne 20
2. Farbänderung 22
3. Farbschlüssel 25
4. Farbkontraste 26
5. Farbharmonie 28
6. Gestaltungspraxis 30

Kapitel ***III*** **Struktur** **36**

1. Strukturbilder 36
2. Struktur und Licht 39
3. Struktur und Werkzeug 42
4. Struktur und Anmutung 43
5. Strukturkontraste 44
6. Gestaltungspraxis 45

Kapitel ***IV*** Körper — 50

A • Baukörper — **50**

1. Analyse — 50
2. Gestaltungsflächen — 53
3. Gestaltungsbauteile — 55
4. Gesamtgestaltungen — 57

B • Gleiche Baukörper — **58**

1. Gestaltungsflächen — 58
2. Gestaltungsbauteile — 59

C • Gemischte Baukörper — **60**

1. Gestaltungsflächen — 60
2. Gestaltungsvarianten — 64

D • Umgebung und Baukörper — **66**

Baustrukturanalyse — 66

E • Gestaltungspraxis — **68**

Kapitel ***V*** Raum — 76

1. Analyse — 76
2. Farbrichtungen — 79
3. Vom Baukörper zum Raum — 81
4. Raum und Licht — 86
5. Wirkung des Raums durch Farbe — 89
6. Gestaltungspraxis — 91

Kapitel ***VI*** Technik — 102

1. Gestaltungstechniken — 102
2. Beschriftungstechniken — 104
3. Darstellungstechniken — 109

Vom Entwurf zur Präsentation — 110

Sachregister — **112**

Licht

1. Lichtquellen

Jeder Raum und jeder Körper ist ohne Licht schwarz. In dunkler Nacht werden Formen erkennbar, weil etwas Licht – Restlicht – vorhanden ist.

Die Sonne bringt Licht ins Dunkel. Dabei ist physikalisch betrachtet das, was sie aussendet, ein Gemisch aus zahlreichen elektromagnetischen Wellen; wir nennen es Licht. Dieses Gemisch ist nicht immer gleich. Morgens und abends ist die Zusammensetzung und Intensität des Sonnenlichtes anders als zur Mittagszeit. Sonnenlicht zur Mittagszeit im Sommer hat die höchste Intensität und wirkt weiß.

Bild 1

Bild 2: Licht am Morgen.

Bild 3: Licht zur Mittagszeit.

Bild 4: Licht am Abend.

Die Sonne ist eine natürliche Lichtquelle, genauso wie Feuer oder eine Kerze. Der Unterschied von Feuerschein, Kerzenlicht und Sonnenlicht besteht in der Verteilung, Länge und Intensität der elektromagnetischen Wellen.

Künstliche Lichtquellen sorgen heute in jedem Haushalt für Helligkeit. Dabei werden meistens Glühlampen oder Leuchtstoffröhren als Lichtquellen verwendet. Auch sie senden elektromagnetische Wellen aus, die sich ebenso wie die natürlichen Lichtquellen durch ihre Verteilung, Länge und Intensität voneinander und von den natürlichen Lichtquellen unterscheiden.

Bild 5: Neutrales Kunstlicht.

Bild 6: Warmes Kunstlicht.

Bild 7: Kaltes Kunstlicht.

2. Lichtwirkungen

Den Unterschied zwischen viel und wenig Licht nennt man Hell und Dunkel. In der Gestaltung wird dieser Kontrast durch die beiden **unbunten Farbtöne** Schwarz und Weiß und ihre Ausmischungen, den Grautönen, dargestellt.

Weiß und Schwarz stellen den größten Hell-Dunkel-Kontrast dar, der sich aber nicht nur auf die unbunten Farbtöne bezieht (siehe Seite 26). Dieser Kontrast wirkt formbetonend und grafisch, wenn die Form dunkel und der Hintergrund hell ist (Bild 1). Helle Formen auf dunklem Untergrund werden überstrahlt und wirken dadurch kleiner und so, als wären sie ausgestanzt (Bild 2). Eine weiße Fläche auf schwarzem Grund tritt hinter das Schwarz. Gestaltungen mit rein weißen und schwarzen Farbtönen wirken plakativ und räumlich. Schwarz auf Weiß wirkt trennend und hervortretend. Schwarze Schrift auf weißem Grund verdeutlicht dies.

Durch den starken Kontrast der unbunten Farben Schwarz und Weiß verlieren Gegenstände ihre Oberflächenwirkung. Die Oberflächen- und Materialstruktur geht verloren (Bild 3).

Bild 1

Bild 2

Bild 3: Unterschiedliche Oberflächenwirkungen.

Wenn eine kontinuierliche Lichtquelle weißes Licht hoher Intensität, z. B. Sonnenlicht zur Mittagszeit, auf eine weiße Fläche wirft, so wird das Licht fast vollständig zurückgeworfen oder remittiert. Graue Flächen remittieren etwas, schwarze Flächen remittieren fast kein Licht.

Der **Remissionswert** oder Hellbezugswert gibt an, wie hell ein unbunter oder bunter Farbton im Vergleich zu einer weißen Fläche ist, d. h., wieviel Prozent des auffallenden Lichtes zurückgeworfen werden. Eine ideal weiße Fläche hätte den Remissionswert 100 %, ein ideales Schwarz den Wert 0 %, alle Grau- und Farbtöne liegen dazwischen. Der Remissionswert bestimmt also die Helligkeit der unbunten und bunten Farbtöne (siehe Seite 20 ff.).

Wird Weiß mit Schwarz gemischt, so entsteht die **Graureihe**. Jedem Grauton ist der entsprechende Remissionswert zugewiesen (Bild 4). Mit einer solchen Graureihe kann durch Vergleich der Remissionswert von Farbtönen bestimmt werden (Bild 5).

Bild 4: Graureihe.

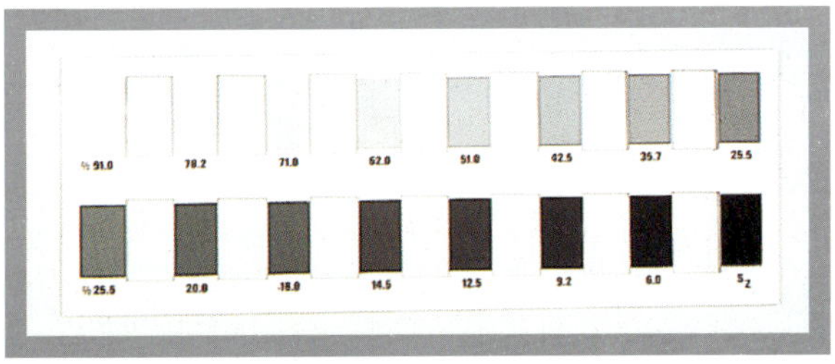

Bild 5: Remissionswertbestimmung.

Mit Grautönen werden nicht nur bunte Farbtöne verhüllt (siehe Seite 25). Anwendung finden sie auch in der Graumalerei, einer alten Gestaltungstechnik, um Architektur- und Dekorationsdetails plastisch darzustellen. Dabei werden Licht- und Schattenpartien durch unterschiedliche Grautonwerte angelegt (Bilder 2 bis 4).

Die Grau- oder auch Tonmalerei kann entweder nur in Grau oder in einem Farbton ausgeführt werden. Dabei ist wichtig, dass das Ausmischen mit den entsprechenden Grautönen gelingt und sich maximal auf fünf Abstufungen beschränkt:

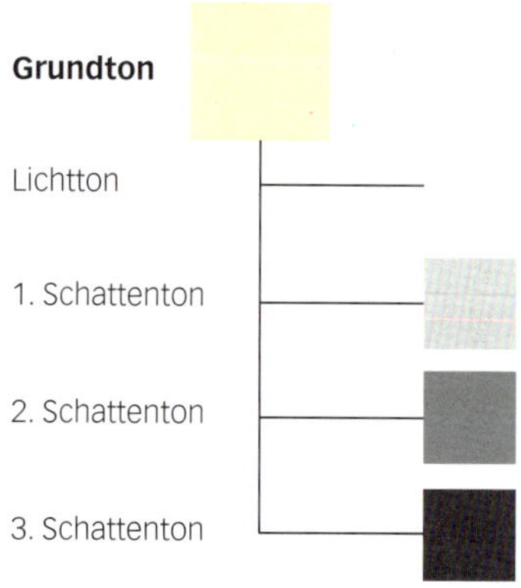

Bild 1

Bild 2: Farbplanung.

Bild 3: Graumalerei.

Bild 4: Fertiges Objekt.

3. Lichteigenschaften

Licht ist Farbe. Das bunte Schillern eines Ölflecks auf nasser Straße, die farbige Seifenblase, der Regenbogen mit seinen Spektralfarben, dies alles entsteht durch Licht.

Physikalisch ist Licht Energie in Form von elektromagnetischen Wellen. Wenn diese auf eine Oberfläche fallen, werden sie je nach Oberflächenfarbe selektiert zurückgeworfen (Bild 1 Seite 9). Die Lichtwellen unterscheiden sich z. B. von der Mikrowelle durch die Wellenlänge, gehören aber ebenso wie die Radio- oder Fernsehwellen zum elektromagnetischen Spektrum. Alle haben ähnliche physikalische Eigenschaften.

Licht kann …

→ von Stoffen verschluckt oder **absorbiert** werden:

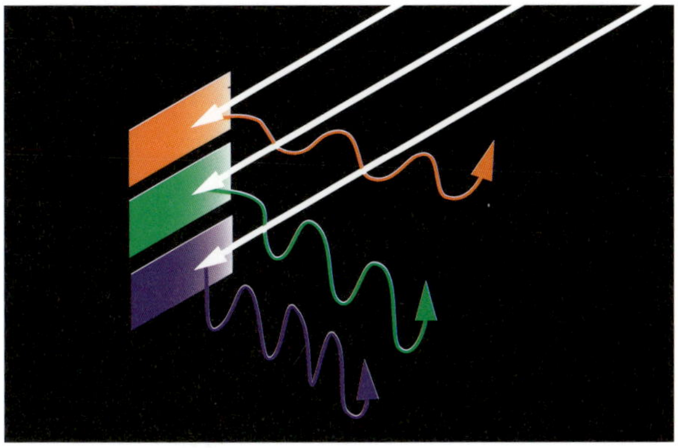

Bild 1

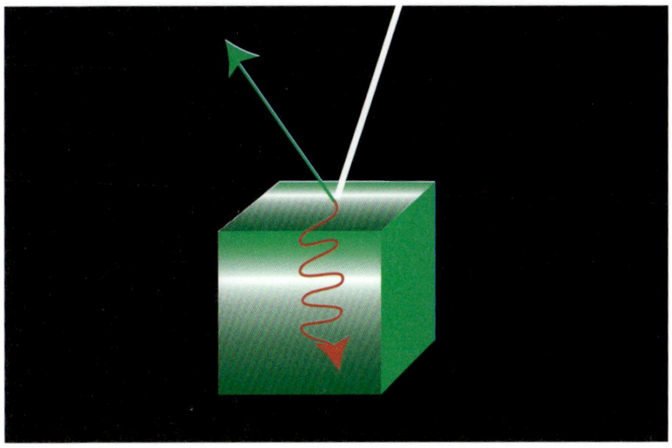

Bild 2

→ in einzelne Wellenbereiche **zerlegt** werden, z. B. beim Regenbogen oder beim Durchgang durch ein Glasprisma, wobei die unterschiedlichen Wellenlängen farbig wahrgenommen werden:

Bild 3

→ an glatten Flächen oder an Grenzflächen von festen, flüssigen oder gasförmigen Stoffen zurückgeworfen oder **reflektiert** werden:

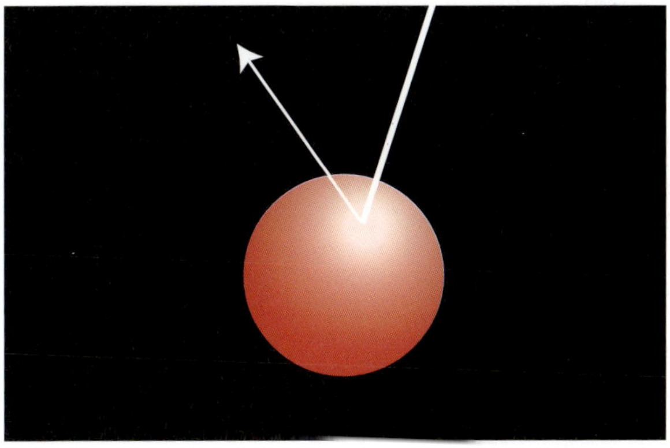

Bild 4

→ beim Durchgang durch lichtdurchlässige Stoffe **gebrochen** werden:

Bild 5

→ von rauen Flächen diffus reflektiert oder **remittiert** werden:

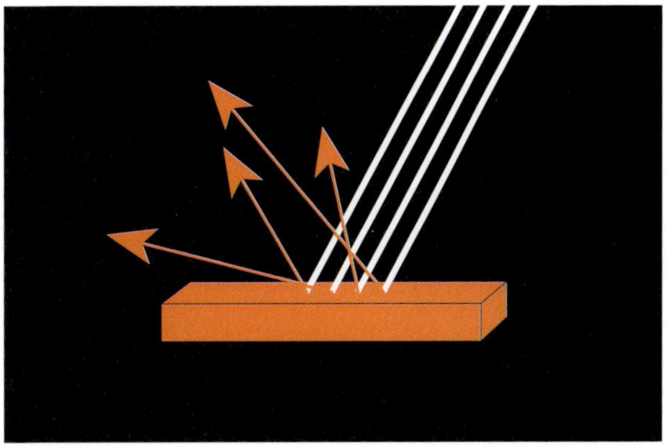

Bild 6

Fällt Licht auf einen undurchsichtigen Körper, so wirft dieser einen Schatten. Der Schatten lässt die Umrisse des Körpers erkennen. Hinter der lichtabgewandten Seite des Körpers entsteht der sehr dunkle Kernschatten, der nach außen in den helleren Halbschatten übergeht. Durch Licht und Schatten wirken Körper plastisch (Bild 1).

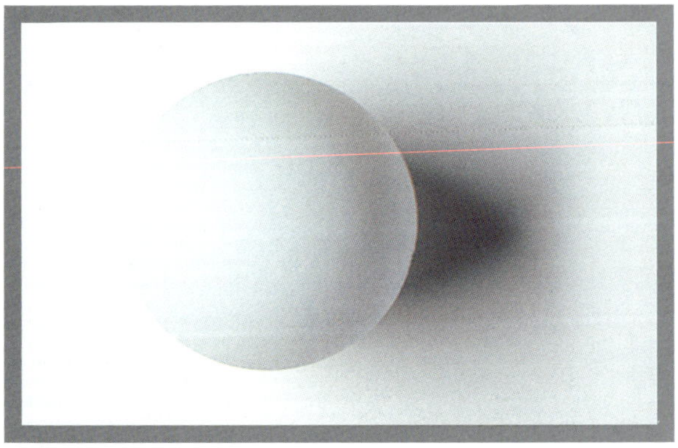

Bild 1

4. Lichtauswirkungen

Diese Eigenschaften des Lichtes blieben den Menschen ohne Augen verborgen. Daher gehört der **physiologische** Aspekt, d. h., die Erklärung des menschlichen Sehens, zum Licht.

Zur Aufnahme des Lichtes und damit zur Orientierung und zur Informationsaufnahme benötigt der Mensch seinen Gesichtssinn. Das sind:

→ Augen,
→ Sehnervenbahnen,
→ Sehzentrum im Gehirn.

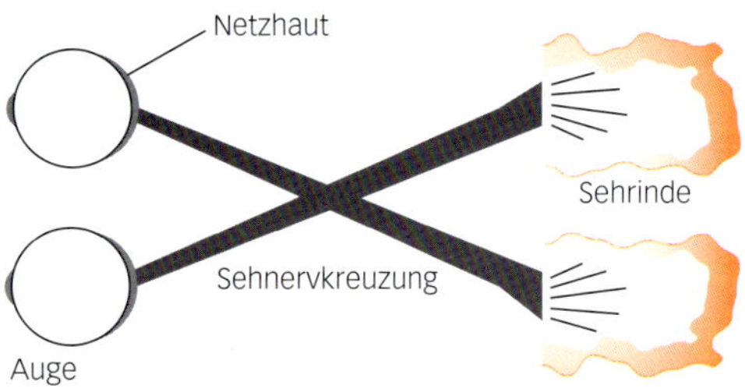

Bild 2

Das Zusammenwirken von Augen, Sehnerven und Gehirn bewirkt unser Hell-Dunkel-Sehen und das Farbsehen. Zwei Augen ermöglichen räumliches Sehen. Das von unserer Umwelt reflektierte Licht wird von Millionen Stäbchen und Zäpfen auf der Netzhaut verarbeitet und über den Sehnerv zum Gehirn geleitet (Bild 2). Somit werden bei der Verarbeitung des Gesehenen viele Sinnesreize gleichzeitig angesprochen. Dieser Vorgang der Reizverarbeitung rechtfertigt die Aussage, dass durch Licht und damit durch Farbe die Psyche, also das Empfinden des Menschen, angesprochen wird.

Diese **psychologischen Vorgänge**, hervorgerufen durch Licht und Farbe, sind in der Gestaltung unserer Umwelt zu berücksichtigen.

Farben wirken auf Menschen, beeinflussen Gefühle, Handlungen und Urteile. Dabei nimmt jeder Betrachter die gefühlsbetonte Wirkung von Farben unterschiedlich wahr. Man kann Farben aber bestimmte Erlebnisbegriffe zuordnen (siehe Seite 11). Diese liegen im Bereich unbewusst aufgenommener, unreflektierter und nicht messbarer Farbrezeption.

Erlebnisbegriffe von bestimmten Farbtönen:

Farbe	Bedeutung	Wirkung	Auswirkung
Rot	Kraft	Erregung, Antrieb	Kräftigung
Orange	Lust, Freude	Genuss	Entspannung, Erleichterung, Zerstreutheit
Gelb	Übersteigerung, Leichtsinn	Aufregung, Loslösung	Befreiung, Verschwendung, Verausgabung
Grün	Hoffnung, Zufriedenheit, Gelassenheit	Anregung, Beruhigung, Sicherheit	Bergung, Bewahrung, Bindung
Blau	Beständigkeit, Hingabe, Ernst	Ruhe, Frieden, Beharrung	Sammlung, Vertiefung, Zurückhaltung
Violett	Spannung, Unlust, Unzufriedenheit	Beruhigung, Beschwerung	Verzicht, Melancholie
Purpur	Macht, Herrschaft, Würde	Befriedigung, Erhebung	Stärkung, Erfüllung

Berücksichtigt wird dieses Farberleben sowohl in der medizinischen Therapie als auch in der Innenraumgestaltung. So stattet man Warteräume in Arztpraxen in angenehmen und beruhigenden Farbtönen aus (Bild 2). Monotone Industriehallen werden farbig gestaltet (Bild 3).

Bild 1: Restaurant.

Bild 2: Warteraum.

Bild 3: Industriehalle.

Die psychische Farbwirkung wird in der Gestaltung ergänzt durch die **physikalische Wirkung**. Farben wirken **warm**, wenn ihr Rotanteil höher ist als jeder andere Farbtonanteil. Warme Farbtöne wirken auffällig, vordergründig und signalhaft (Bilder 3 und 4). **Kalte** Farben enthalten einen höheren Anteil an Blautönen. Sie wirken ruhig, zurücktretend, öffnend und unauffällig (Bilder 1 und 2). In der Gestaltung kommen diese Empfindungen im **Kalt-Warm-Kontrast** zur Anwendung (Bilder 5 und 6).

Bild 1

Bild 2

Bild 3

Bild 4

Bild 5

Bild 6

5. Weißes und farbiges Licht

Die zwei Tomaten unterscheiden sich nicht durch Form und Größe, sondern nur durch ihre Farbe:

Bild 1

Bei Nacht kann die grüne nicht von der roten Tomate unterschieden werden. Betrachtet man sie bei Tag durch eine blaue Brille, so wirken beide schwarz. Erst bei weißem Licht kann die reife Tomate von der unreifen unterschieden werden, weil das Licht Farbe sichtbar macht.

Dieses gilt auch für Malerfarben. Sie sind ebenfalls nur bei weißem Licht eindeutig bestimmbar. Weißes Licht ist aber nicht immer gleich. Sowohl natürliche als auch künstliche Lichtquellen erzeugen unterschiedlich weißes Licht (siehe Seite 6). Das ist bei der Beurteilung und besonders beim Nachmischen von Farbtönen wichtig. Daher werden Farben grundsätzlich bei der Beleuchtung ausgewählt, bei der sie später wirken sollen.

Farbiges Licht verändert die Farbtöne, die das weiße Licht erzeugen würde. Farben, die den Menschen aus Erfahrung natürlich erscheinen, werden durch farbiges Licht absonderlich (Bild 3). Speisen, Obst und Gemüse sollen daher nicht farbig beleuchtet werden. Farbiges Licht kann aber Effektfarben, z. B. mit Lumineszenz- oder anderen Effektpigmenten versetzten Beschichtungsstoffen, eine besondere Wirkung verleihen. Dieser Effekt wird im Theater oder in der Disko eingesetzt.

Bild 2

Bild 3

6. Gestaltungspraxis

Fragen:

1. Welche Farbe hat das Weltall?
2. Was ist Licht?
3. Wodurch unterscheidet sich das Licht einer künstlichen Lichtquelle von dem einer natürlichen?
4. Warum wird gesagt: „Nachts sind alle Katzen grau"?
5. Wie wirkt eine weiße Fläche auf schwarzem Grund?
6. Warum ist weiße Schrift auf schwarzem Grund deutlicher als schwarze Schrift auf weißem Grund?
7. Erklären Sie den Begriff Remission.
8. Was sagt der Remissionswert eines Farbtons von 75 % aus?
9. Was ist Graumalerei?
10. Wodurch kommt Farbe in unsere Umwelt?
11. Welche Eigenschaften hat das Licht?
12. Warum erscheinen Körper plastisch?
13. Was ist der Gesichtssinn?
14. Wie wirkt der Farbton Gelb psychologisch auf den Menschen?
15. Welche Bedeutung hat der Farbton Grün?
16. Durch welchen Farbton kann Macht, Herrschaft oder Würde ausgedrückt werden?
17. Welche physikalische Wirkung können Farbtöne erzielen?
18. Warum sind Farbtöne nur bei weißem Licht eindeutig bestimmbar?
19. Warum sollen Farbtöne für Fassaden nicht bei Kunstlicht ausgewählt werden?
20. Wie wirkt farbiges Licht auf Malerfarben?

I. Kachelmuster.

Vergrößern Sie das Kachelmuster entsprechend auf DIN A4 und legen Sie es in Schwarz, Weiß und einem Grauton aus.

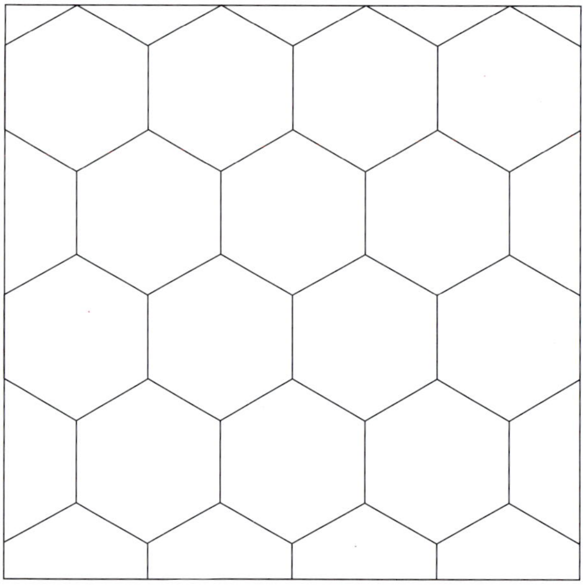

Der Konstruktion liegt ein Sechseck zugrunde:

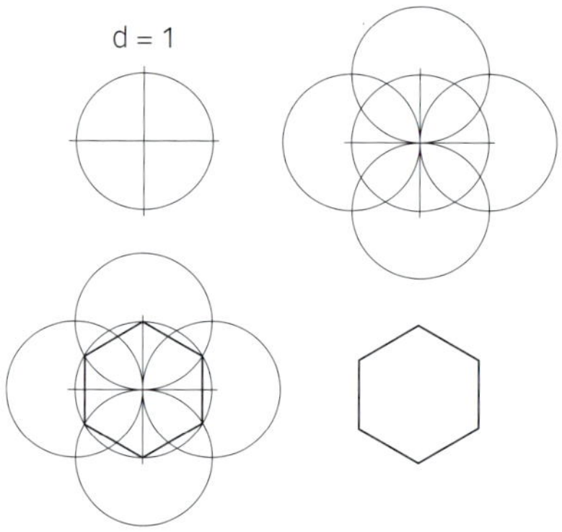

II. Rautenmuster.

Das abgebildete Rautenmuster soll auf weißem Grund mit drei Grautönen so gestaltet werden, dass ein plastischer Eindruck entsteht. Übertragen Sie das Muster entsprechend vergrößert auf ein DIN-A4-Blatt.

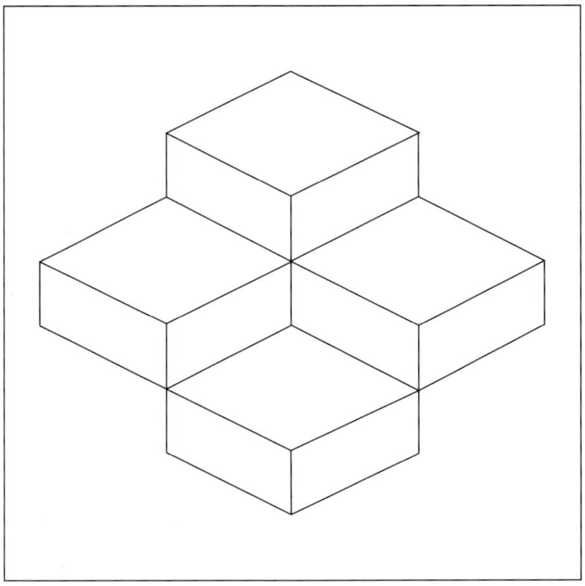

Die Raute wird wie folgt konstruiert:

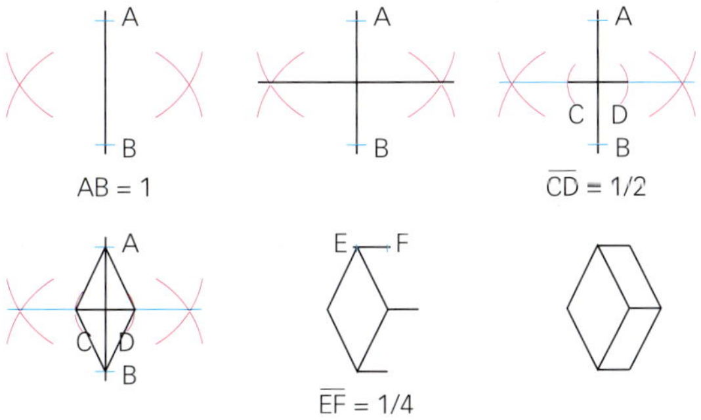

III. Fischornament.

Auf einer Wand eines Fischgeschäftes soll das folgende Ornament als Graumalerei aufgebracht werden:

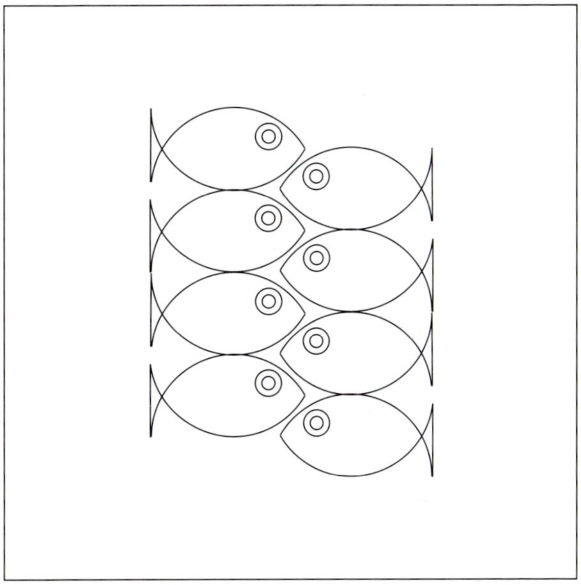

Der Hintergrund (Wasser) soll in einem vergrauten Blaugrünton gestrichen werden, die Fische sind in anderen blaugrünen Grautönen auszuführen.

Konstruktion der Fische:

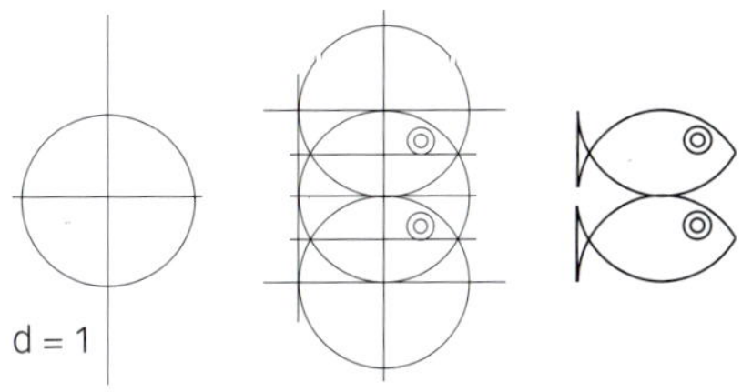

IV. Bergseelandschaft.

Die Bergseelandschaft soll schwarzweiß abgebildet werden. Dazu soll die Abbildung im Maßstab 2 : 1 vergrößert werden (siehe Seite 17). Mit Grautönen soll landschaftliche Tiefe erzeugt werden, d. h., dunkle Grautöne im Vordergrund, helle Grautöne zum Hintergrund hin. Der See in der Mitte des Bildes soll den hellsten Grauton bekommen.

Dabei kann der Remissionswert hilfreich sein. Eine Planung der Grauwerte könnte wie folgt aussehen:

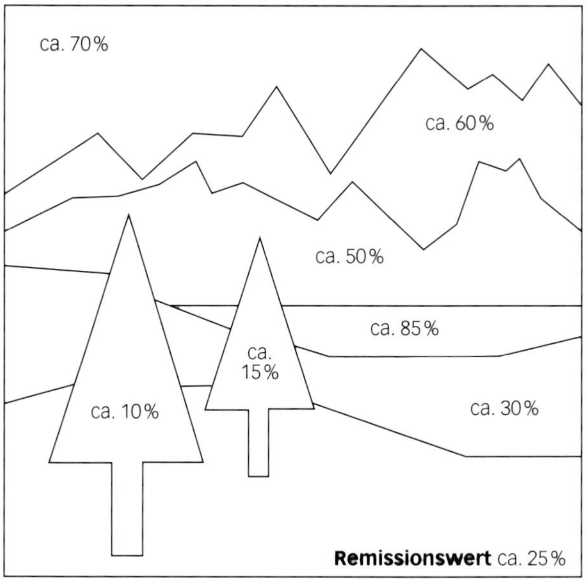

Die Vergrößerung soll in Koordinatentransformation vorgenommen werden. Koordinaten sind Punkte der Abbildung, die auf dem waagerechten und senkrechten Bildrand durch je eine Strecke ihre Lage in der Bildebene bestimmen. Diese Bildpunkte werden in den vergrößerten Rahmen übertragen oder transformiert.

Vorgehensweise:

1. Der vergrößerte Rahmen der Abbildung wird mittig auf ein DIN-A4-Blatt gezeichnet.
2. Auf der Vorlage werden alle Bildpunkte bezeichnet, z. B. für die Tanne im Vordergrund mit T_1, T_2, T_3 usw.
3. Diese Punkte werden rechtwinklig, z. B. durch Parallelverschiebung auf den senkrechten und waagerechten Bildrand, markiert und mit x_1 und y_1 bezeichnet (Bild 1).
4. Vom Nullpunkt, dem Koordinatenursprung, wird die Strecke $\overline{0x_1}$ in den Zirkel genommen und auf der Waagerechten des vergrößerten Rahmens zweimal abgetragen (Bild 2); zweimal, weil der Maßstab 2 : 1 beträgt. Der zweite Zirkelschlag ergibt den transformierten Punkt x'_1. Mit y_1 wird ebenso auf der Senkrechten verfahren, um den neuen Punkt y'_1 zu erhalten.
5. Jeweils eine Gerade durch x'_1 und y'_1 gezogen, ergibt im Schnittpunkt den neuen Bildpunkt T'_1.
   Oder schneller: die Strecke $\overline{0y'_1}$ wird im Punkt x'_1 mit dem Zirkel abgetragen und die Strecke $\overline{0x'_1}$ wird vom Punkt y'_1 abgetragen. Der Schnittpunkt der beiden Kreisbögen ist der neue Punkt T'_1.
6. Mit allen weiteren Bildpunkten wird sinngemäß verfahren (Bild 3).

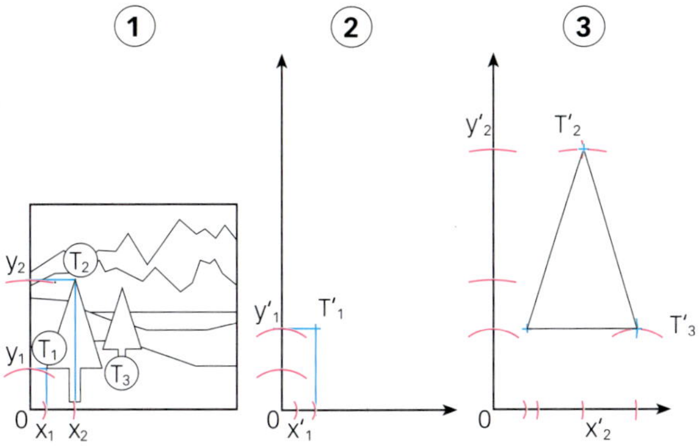

V. Spiegelbosse.

Das abgebildete Mauerstück aus Spiegelbossen soll im deckenden Farbauftrag in verschiedenen Grautönen ausgelegt werden.

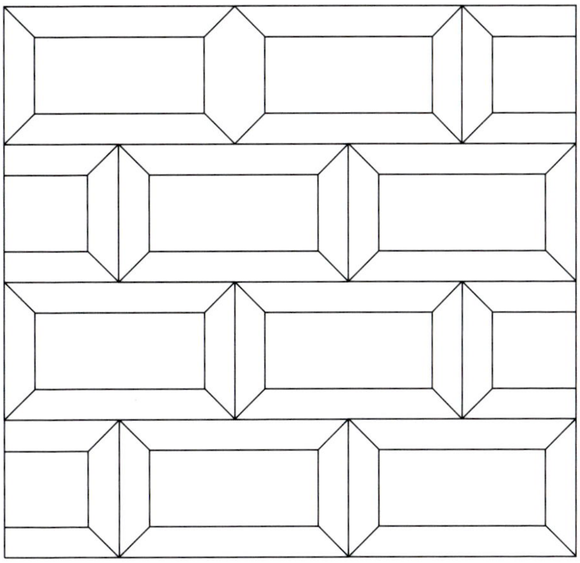

Damit plastische Steinquader entstehen, sind die Grautöne der Bossen in der abgebildeten Weise anzulegen. Fertigen Sie einen Farbplan in der vorgegebenen Reihenfolge:

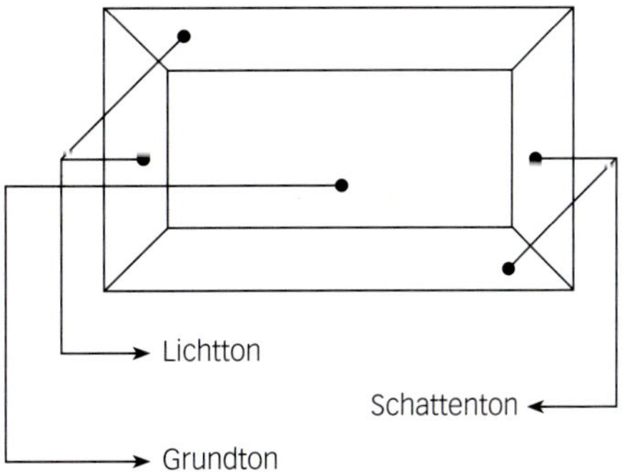

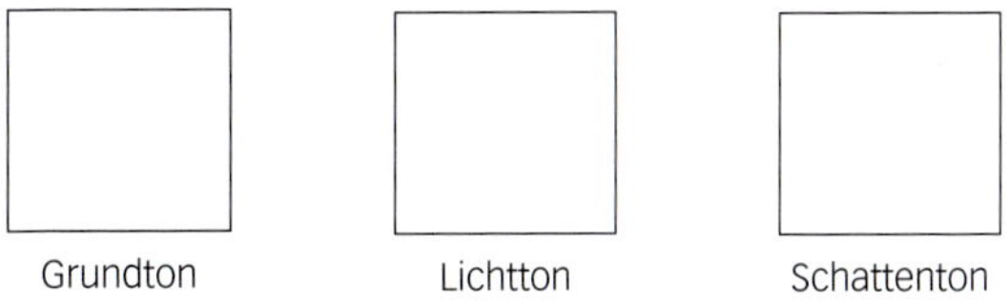

VI. Schwimmbadsymbole.

Für ein Schwimmbad werden Piktogramme benötigt, die die Besucherinnen und Besucher zur Schwimmhalle und zum Sprungbrett leiten sollen.
Vergrößern Sie die abgebildeten Symbole auf ca. 20 cm x 20 cm Größe und legen Sie Figur und Hintergrund in einem deutlichen Hell-Dunkel-Kontrast in blauen Farbtönen aus.

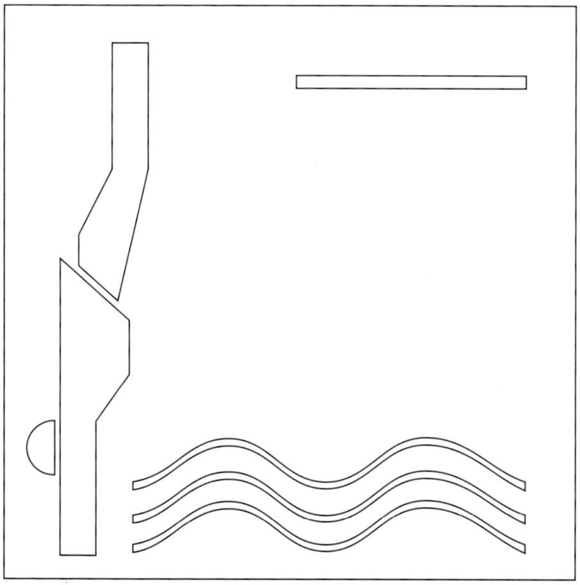

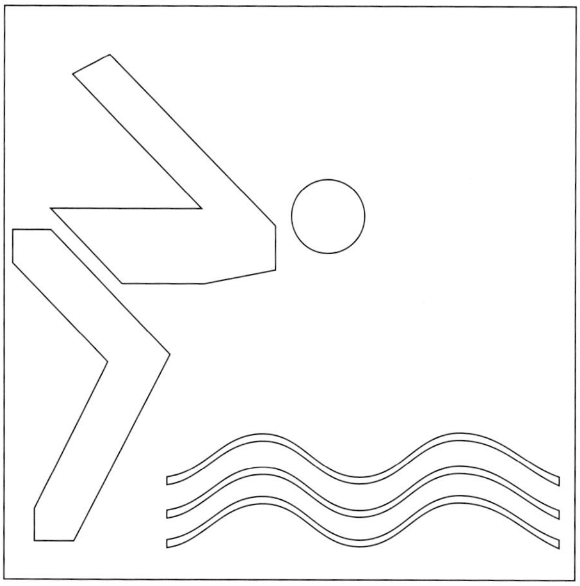

VII. Spielsteine.

Die abgebildeten Spielsteine sollen auf einem DIN-A4-Blatt im Maßstab 2 : 1 vergrößert dargestellt werden. Die Steine erhalten als Grundton Blau, Gelb, Grün und Rot. Licht fällt aus der rechten oberen Ecke. Bestimmen Sie die Lichttöne und die Schattentöne und legen Sie die Steine deckend aus.

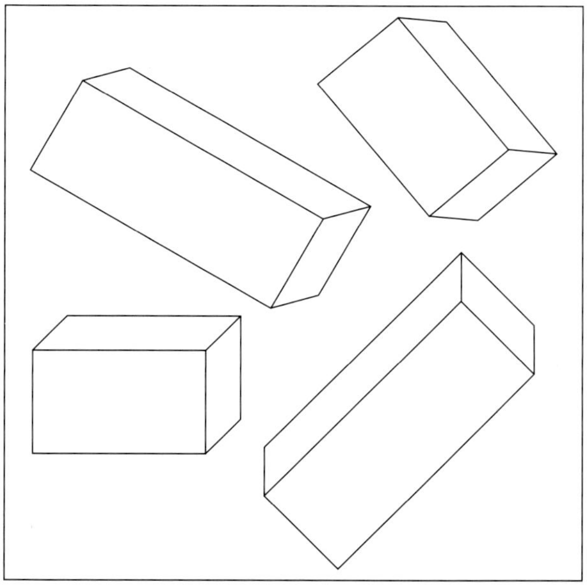

Die Vergrößerung erfolgt durch Parallelverschiebung (siehe Seite 32).

Vorlagen zur Graumalerei:

Kopieren Sie die folgenden Abbildungen zu 171 % auf 200 g starkes DIN-A4-Papier. Legen Sie die Entwürfe in mindestens drei Grautonstufen aus.

1. Farbtöne

In der Gestaltung unserer Umwelt dienen Farbtöne als Merkmal für

→ Ästhetik,
→ Sicherheit und Kennzeichnung,
→ Form- und Strukturwirkungen.

Dabei kann die Gestaltung bunt, farbig, monochrom oder polychrom sein.

Bunte, d. h., volle, reine Farbtöne wie Rot, Blau, Gelb, Grün oder andere, die keinerlei Anteil von Weiß, Schwarz, Grau oder Komplementärfarben besitzen, stehen in vielfältiger Weise nebeneinander. Eine blühende Blumenwiese im Sommer ist bunt. Ein Clown ist bunt gekleidet.

Kinder lieben eine bunte Umgebung. Formen werden durch die bunten Farben von ihnen besser wahrgenommen. Comics sind bunt. Hier werden wenige Informationen durch bunte Farbtöne plakativ übermittelt. Wenige bunte Farbtöne, in Kombination mit Schwarz und Weiß, besitzen Signalwirkung. Sie dienen der Sicherheit, der Kennzeichnung oder der Orientierung. Verkehrs- oder Sicherheitsschilder, Markierungen oder Flaggen der unterschiedlichsten Staaten sind durch wenige bunte Farbtöne gekennzeichnet; Werbung kann oft knallig bunt sein.

Bilder 1 bis 3: Bunte Reihe.

Farbig wird eine Gestaltung durch Farbtöne, die ihre Reinheit durch Schatten oder durch Zumischen von Bunt- und Unbunttönen eingebüßt haben und die nebeneinander stehen. Rheinkiesel sind farbig, ebenso der Blätterwald im Herbst oder eine Häuserzeile in der Stadt. Unsere unmittelbare Umwelt ist farbig gestaltet.

Bilder 4 bis 6: Farbige Reihe.

Monochrom sind alle reinen Farben **eines** Farbtons und die, die durch Zumischen von Weiß, Schwarz und von verschiedenen Grautönen entstehen.

Beispiel: **Monochrome Farbreihen**.

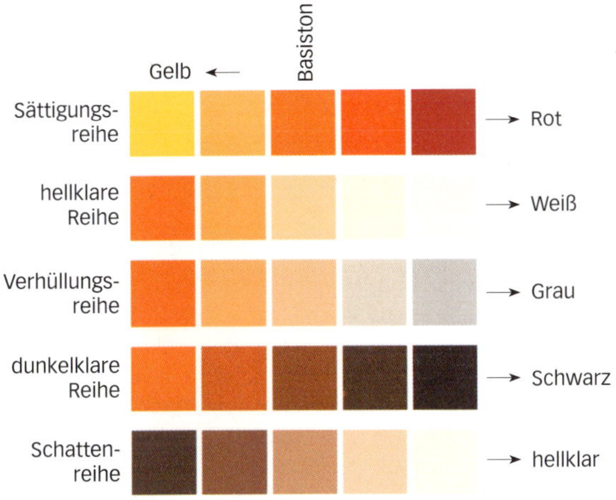

Bild 1: Monochrome Farbreihen.

- Wir gehen von einem reinen Farbton Orange aus und nennen ihn Basiston.
  Dieser Orangeton kann mit reinem Gelb oder reinem Rot verändert werden. Wir mischen unterschiedliche Mengen Gelb und Rot hinzu. So entstehen fünf Farbtöne der **Sättigungsreihe**.
- Wir mischen zum Basiston unterschiedliche Mengen Weiß hinzu. Es entsteht die **hellklare Reihe**.
- Wir mischen ein Grau, Remissionswert (siehe Seite 7) ca. 50 %, und mischen den gegebenen Basiston mit unterschiedlichen Mengen des Grautones aus. Es entsteht die **Verhüllungsreihe**.
- Der Basiston wird nun mit unterschiedlichen Mengen Schwarz ausgemischt. Dadurch entsteht die **dunkelklare Reihe**.
- Wir wählen den letzten Ton der dunkelklaren Reihe und mischen ihn mit dem letzten Ton der hellklaren Reihe in unterschiedliche Farbstufen aus. So entsteht die **Schattenreihe**.

Diese auf einen Farbton zurückzuführenden Reihen lassen sich mit jedem Farbton der Sättigungsreihe fortsetzen. Dadurch können die monochromen Farbtöne um eine Vielzahl erhöht werden.

Die zarten Grüntöne eines Frühlingswaldes, eine blauweiße Winterlandschaft, die unterschiedlichen Rotorangetöne der Dächer einer Stadt, aber auch eine Ansammlung von grauen Betonbauten sind monochrom.

Mit monochromen Farbtönen kann einfach und ohne Risiko gestaltet werden, denn alle Farbtöne passen zueinander. Diese Gestaltungsmöglichkeit wird auch „Ton in Ton" genannt und ist immer harmonisch.

Bilder 2 bis 4: Monochrome Reihe.

Polychrom oder mehrfarbig wird eine Gestaltung, wenn aus mehreren bunten und farbigen Tönen bestimmte Farben bewusst nebeneinander gestellt werden.

Polychrom sind bemalte Figuren der Barockzeit, aber auch die heutige Mode kann vielfarbig sein. Wenn eine Fassade, ein Raum oder ein Gegenstand bewusst mit mehreren aufeinander abgestimmten Farbtönen gestaltet ist, dann ist die Gestaltung polychrom.

Bilder 1 bis 3: Polychrome Reihe.

2. Farbänderung

Alle Basistöne der farbigen Umwelt lassen sich auf drei Grundfarbtöne zurückführen, die nicht gemischt werden können. Wie schon erwähnt, gehören Weiß und Schwarz nicht zu den Farbtönen, sie sind unbunt. Jeder beliebige Farbton der Sättigungsreihe kann aus den drei Grundfarbtönen entstehen. Diese drei **Grund-, Primärfarben oder Farben 1. Ordnung** sind Gelb, Blau und Rot.

Bild 4: Ausmischung mit zwei Primärfarben.

Werden die Primärfarben untereinander gemischt, so entsteht, je nach Farbanteil der einen oder anderen Farbe, ein neuer Farbton. Beispiel: Zu gleichen Anteilen Gelb werden unterschiedliche Anteile Blau gemischt. Zu gleichen Anteilen Blau werden unterschiedliche Anteile Gelb gemischt. Stimmen die Anteile überein, ist das Ergebnis gleich. Es findet jeweils eine Farbtonänderung nach Grün statt.

Wenn jeweils zwei Primärfarben untereinander zu gleichen Farbtonanteilen gemischt werden, dann entstehen wieder drei Farbtöne, die **Sekundärfarben oder Farben 2. Ordnung**.

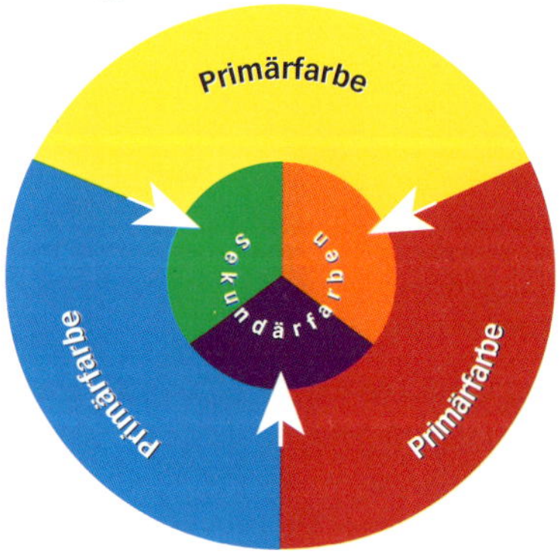

Bild 5: Ausmischung mit Primär- und Sekundärfarben.

Werden alle drei Primärfarben miteinander gemischt, so kann von dieser Mischung nur wenig Licht reflektiert werden, und es entsteht ein dunkles Grau.

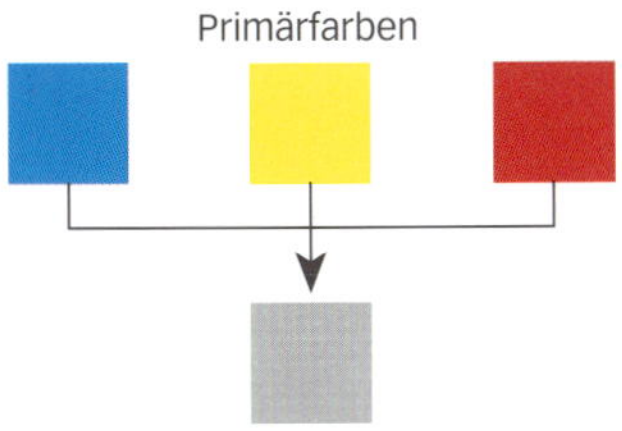

Bild 1: Ausmischung von allen drei Primärfarben.

Das gleiche Grau entsteht aber auch aus der Mischung jeder Sekundärfarbe mit der nicht in ihr enthaltenen Primärfarbe.

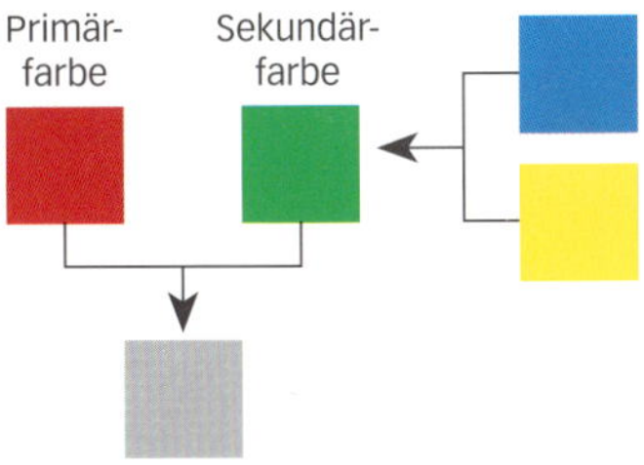

Bild 2: Ausmischung von Primär- und Sekundärfarbe.

Die zwei Farbtöne – je eine Sekundär- und Primärfarbe –, die sich zu Grau mischen lassen, werden **Komplementär- oder Ergänzungsfarben** genannt.

Zu Grau ergänzen sich folgende Farbenpaare:

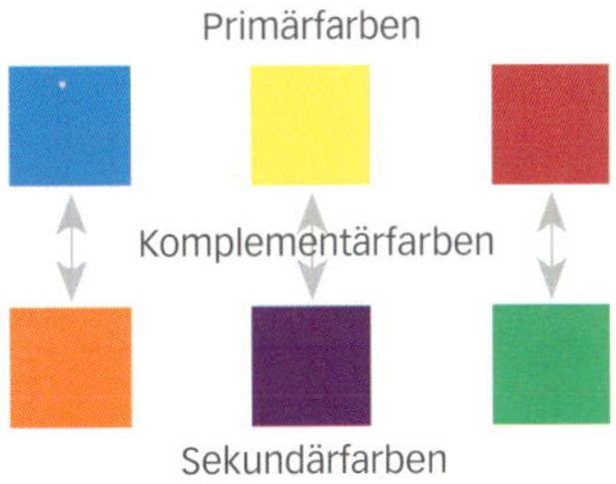

Bild 3: Komplementärfarben.

Komplementäre Farben verhüllen, trüben oder werden gebrochen, wenn sie miteinander gemischt werden. Der Ausgangsfarbton verliert dadurch seine Sättigung und vergraut.

Getrübte Farbtöne entstehen auch, wenn Sekundärfarbtöne miteinander gemischt werden. Die Farben, die dann entstehen, werden **Tertiärfarben oder Farben 3. Ordnung** genannt.

Bilder 4 bis 6: Tertiärfarben-Reihe.

Tertiärfarben sind die zweite Ausmischung der Primärfarben:

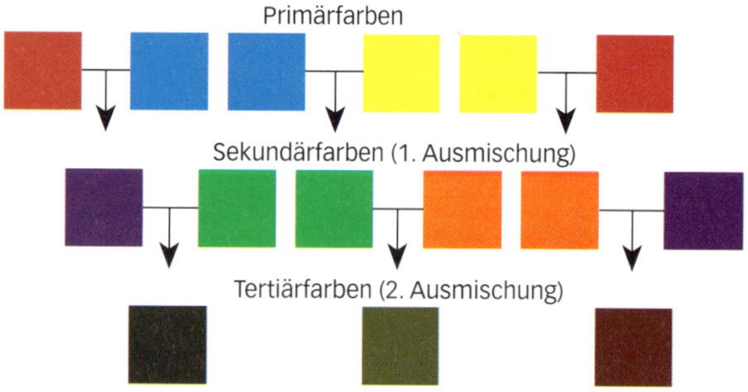

Bild 1: Primär-, Sekundär- und Tertiärfarben.

Tertiäre Farbtöne haben erdigen Charakter. Gestaltung mit diesen Tönen wirkt zurückhaltend und ruhig.

Die **Helligkeit** eines Farbtons wird von seinem Remissionswert (siehe Seite 7) bestimmt. Gelb hat die größte Helligkeit von den bunten Farbtönen. Aber auch Gelb lässt sich, genau wie jeder andere Farbton, in seiner Helligkeit durch Zumischen von Weiß steigern.

Dabei verändert sich der Farbton nicht. Aus Gelb wird Hellgelb. Je mehr Weiß zugegeben wird, umso geringer ist der Buntanteil, also umso geringer ist die Sättigung. Helligkeit und Sättigung sind gegenläufig.

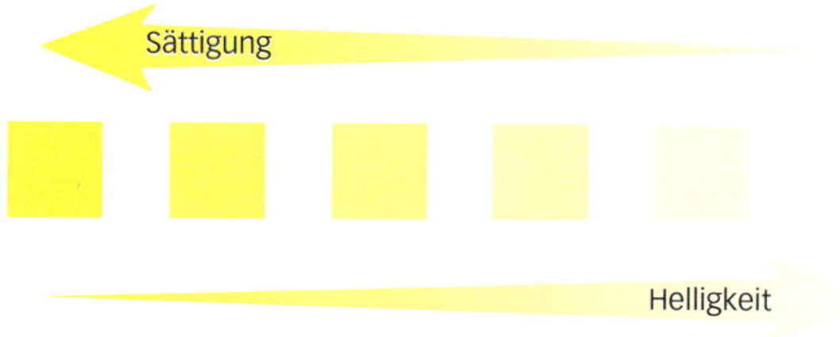

Bild 2: Ausmischung Sättigung – Helligkeit.

Gestaltungen mit Farbtönen gleicher Helligkeit wirken ausgeglichen und harmonisch (siehe Seite 28).

Helligkeit hat aber nicht nur einen gestalterischen Aspekt, sondern auch einen technologischen. Bei wärmegedämmten Fassaden darf die Beschichtung einen Remissionswert von 20 % nicht unterschreiten, weil eine zu hohe Erwärmung des Wärmedämmsystems zu Schäden führen könnte.

Wird zu den Farbtönen Gelb und Rot Schwarz gemischt, so werden diese Töne nicht nur dunkler und somit der Remissionswert geringer. Diese Farben ändern auch ihren Farbton.

Bei Gelb verschiebt sich durch Zumischen von Schwarz der Farbton nach Dunkeloliv und bei Rot nach Dunkelbraun (Bild 3). Bei der dritten Primärfarbe Blau findet keine Fartonänderung statt. Blau wird durch Hinzufügen von Schwarz dunkler.

Auch hier ändert sich die Sättigung von Rot und Gelb entgegengesetzt zur Farbtonänderung, aber parallel zur Helligkeit (Bild 3).

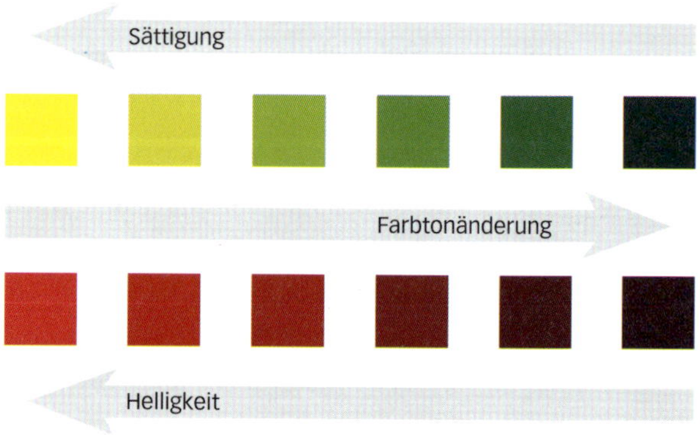

Bild 3: Ausmischung Sättigung – Farbtonänderung – Helligkeit.

3. Farbschlüssel

Farben sind durch Farbton, Helligkeit und Sättigung definiert. Diese drei Merkmale lassen sich zu Farbschlüsseln zusammenführen. Die Farbtonkarten der Beschichtungsstoffindustrie sind solche Farbschlüssel. Dabei geht man von selbst entwickelten Basistönen aus.

Bild1: Basistöne.

Bild 2: Remissionswertvergleich.

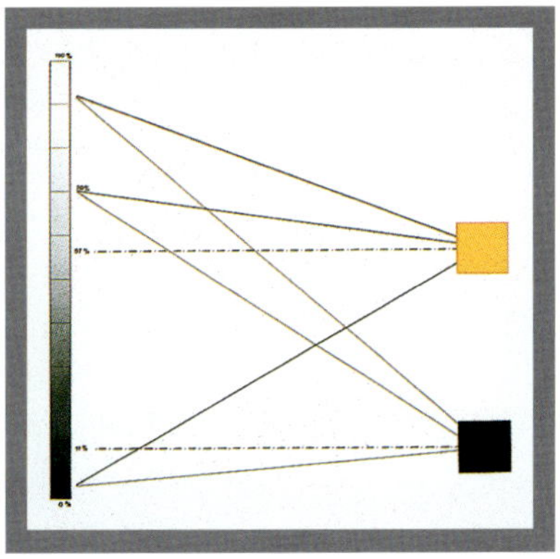

Bild 3: Farbtongleiches Dreieck.

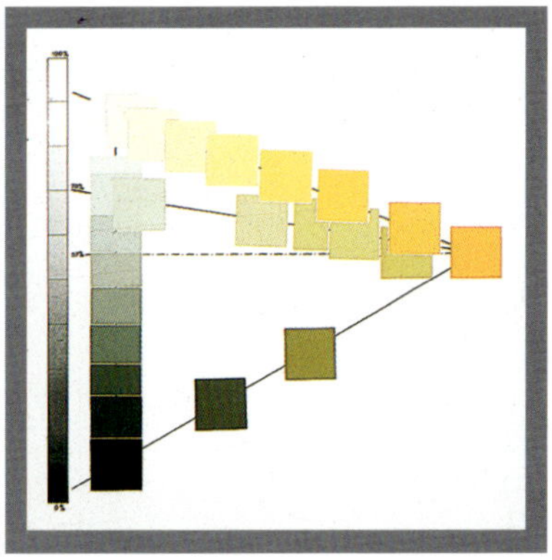

Diese 15 Basistöne sowie Schwarz und Weiß werden entsprechend den monochromen Farbreihen (siehe Seite 21) gemischt. Die Mischung erfolgt in Anlehnung an das farbtongleiche Dreieck.

Dabei entstehen für jeden Basiston vier harmonische Farbreihen:

- → **hellklare Reihe** Basiston abgemischt mit Weiß.
- → **Verhüllungsreihe** Basiston abgemischt mit einem Grauton der Graureihe.
- → **dunkelklare Reihe** Basiston abgemischt mit Schwarz.
- → **Schattenreihe** Ein Ton der dunkelklaren Reihe abgemischt mit dem horizontal gegenüberliegenden Ton der hellklaren Reihe.

Wenn alle 15 Basistöne wie in Bild 3 ausgemischt werden, baut sich ein Farbschlüssel mit 390 harmonisch aufeinander abgestimmten Farbtönen ohne die Graureihe auf.

Bild 4: Reihe von 390 harmonisch aufeinander abgestimmten Farbtönen.

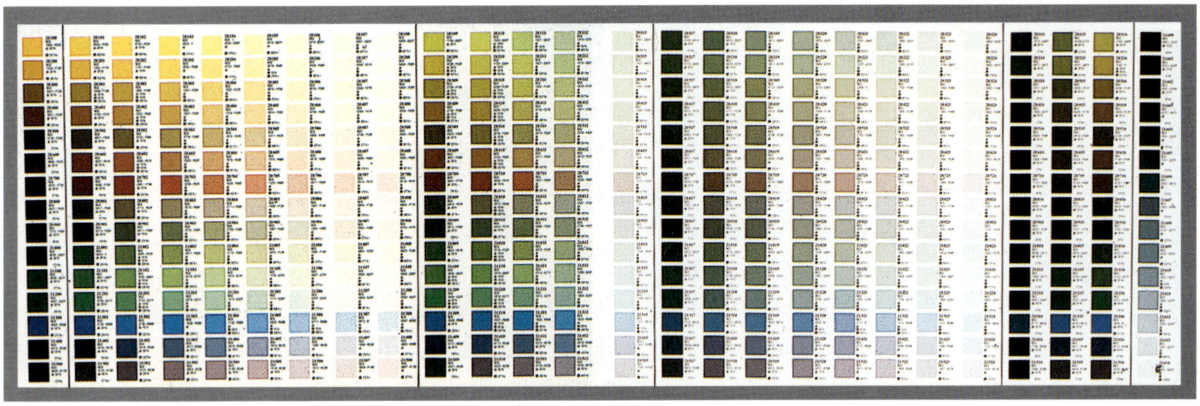

4. Farbkontraste

Stehen Farbtöne mit einem sehr hohen Remissionswert und geringer Sättigung nebeneinander, so gehen sie ineinander über. Sie besitzen keinen auffallenden Unterschied. Sie bilden keinen **Kontrast**.

Bild 1: Hell-Dunkel-Kontrast.

Bild 2: Farben gleicher Helligkeit.

Bild 3: Farben gleicher Sättigung.

Steigern sich aber die Unterschiede bis zum Gegensatz, so entstehen polare Kontraste.

Beispiel: **polare Kontraste**.

- → groß – klein
- → dick – dünn
- → laut – leise
- → kalt – warm
- → hell – dunkel
- → schwarz – weiß

Je weiter der Abstand zwischen den beiden Polen, umso intensiver ist der Kontrast.
Polare Kontraste helfen gestalten. Johannes Itten[1] gibt eine systematische Aufstellung solcher Farbkontraste:

Mindestens drei bunte Farbtöne bilden den **Farbe-an-sich-Kontrast**. Hierbei bilden die Primärfarben den stärksten Kontrast. Je mehr sich die Farbtöne von den Primärfarben durch Mischung untereinander entfernen, umso geringer wird der Farbe-an-sich-Kontrast. Sekundärfarben bilden einen geringen, Tertiärfarben fast keinen Farbe-an-sich-Kontrast.

Gestaltung mit diesem Kontrast wirkt bunt, kraftvoll, laut und entschieden. Schwarz als Kontur kann die Wirkung der bunten Farbtöne noch unterstreichen.

Bild 4: Der Farbe-an-sich-Kontrast.

Der **Hell-Dunkel-Kontrast** der Farbtöne ist, wie der Hell-Dunkel-Kontrast zwischen Schwarz und Weiß (siehe Seite 7), durch den Remissionswert bestimmt. Von den bunten Farbtönen besitzt Gelb den höchsten und Violett den niedrigsten Wert. Daher ist dieser Farbkontrast bei den bunten Farben auch der größte. Gegenübergestellte Farbtöne der hellklaren Reihe und der dunkelklaren haben einen starken **Hell-Dunkel-Kontrast**. Dieser Kontrast wirkt formbetonend, wenn die Form dunkel und der Hintergrund hell ist. Die Wirkung ist aber auch deutlich und trennend, z. B. bei Schriften.

Bild 5: Der Hell-Dunkel-Kontrast.

[1] Johannes Itten: Kunst der Farbe, Ravensburg 1962

Auf der psychologischen Wirkung von Licht und Farbe (siehe Seite 10 ff.) gründet der **Kalt-Warm-Kontrast**. Die Empfindung bei blaugrünen Farbtönen ist Kühle, bei rotorangen Farbtönen Wärme. Somit gelten alle Farbtöne, die Blau enthalten, als kalte Farbtöne und alle, die Rot enthalten, als warme. Durch diesen Kontrast können Gegensätze ausgedrückt werden:

- schattig – sonnig,
- beruhigend – erregend,
- fern – nah,
- leicht – schwer.

Der Kalt-Warm-Kontrast ist vielseitig und wird nicht nur durch die gesättigten Farbtöne ausgedrückt. Auch zwischen Aufhellungen und den gesättigten Bunttönen entsteht diese Farbwirkung.

Bild 1: Der Kalt-Warm-Kontrast.

Komplementäre Farbtöne heben durch Mischen ihre farbige Wirkung auf (siehe Seite 23). Sie werden Grau. Gegenübergestellt steigern sich die Farben zur voller Harmonie im **Komplementärkontrast**. Gestaltungen in diesem Farbkontrast wirken mit farbigen Tönen ausgeglichen, mit bunten stark gegensätzlich. Gleiche Helligkeitsstufen sollten bei diesem Kontrast vermieden werden. Die Grenzflächen der Komplementärfarben verschwimmen sonst und beginnen zu flimmern (Flimmerkontrast).

Bild 2: Der Komplementärkontrast.

Stehen Farbtönen der Sättigungsreihe Farben der Verhüllungsreihe gegenüber (siehe Seite 21), so gewinnen die Farben der Sättigungsreihe an Qualität. Sie wirken intensiver und leuchtender. Der **Qualitätskontrast** wirkt ruhig und natürlich. In der Natur begegnet er uns in der Licht- und Schattenfarbe eines Tones. Dieser Kontrast wird eingesetzt, wenn Räumlichkeit vorgetäuscht werden soll. Dabei ist allerdings zu beachten, dass der Hell-Dunkel-Kontrast vermieden wird, denn der Qualitätskontrast verliert durch den Hell-Dunkel-Kontrast seine Wirkung.

Bild 3: Der Qualitätskontrast.

Wirkung erzielen aber auch Farbtöne, die sich mengenmäßig (quantitativ) gegenüberstehen. Der **Quantitätskontrast** bezieht sich auf das Größenverhältnis von Farbtönen, das den Gegensatz von viel – wenig oder groß – klein widerspiegelt. Hierbei stehen die Reinheit, die Helligkeit oder der Anteil einer Farbe der Flächengröße gegenüber. Dabei sind folgende Begriffe hilfreich:

- **Dominante**
  der vorherrschende Farbton der Grundfläche, also der Fläche mit dem größten Flächenanteil.
- **Subdominante**
  ergänzender Farbton für Gliederungsbereiche innerhalb der Grundfläche oder für schmückende Ergänzungen mit geringerem Flächenanteil.
- **Akzent**
  betonender Farbton, gezielt eingesetzt bei Details oder schmückendem Beiwerk, kleinster Flächenanteil.

Beispiele:

Helle Farbwirkung

a) Dominante hell – Subdominante dunkel,
b) Dominante hell – Akzent komplementär gesättigt,
c) Dominante hell – Subdominante getrübt – Akzent komplementär gesättigt

Dunkle Farbwirkung

a) Dominante dunkel – Subdominante hell,
b) Dominante dunkel – Akzent hell, komplementär
c) Dominante dunkel – Subdominante aufgehellt – Akzent hell komplementär

Bild 4: Der Quantitätskontrast.

5. Farbharmonie

Stehen Farbtöne sowohl von der Farbigkeit als auch von der Menge in Einklang zueinander, so wird dieser Einklang als Farbharmonie empfunden. Farbtöne in Übereinstimmung, in Harmonie zu bringen ist eine Aufgabe des Malers und Lackierers.

Folgende Voraussetzungen führen immer zu einer Farbharmonie:

1. Monochrome Farbtöne sind harmonisch.
2. Farbtöne gleicher Helligkeit sind harmonisch.
3. Farbtöne gleicher Sättigung sind harmonisch.

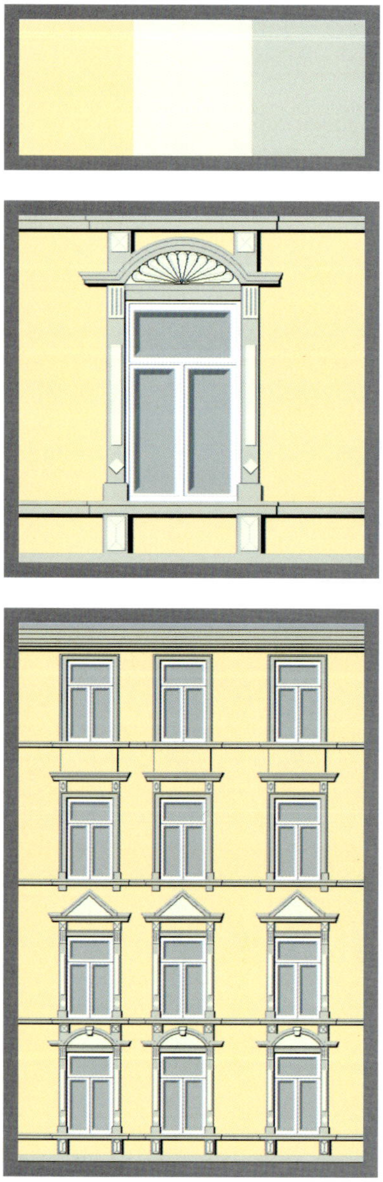

Bilder 1 und 2: Monochrome Farbtöne.

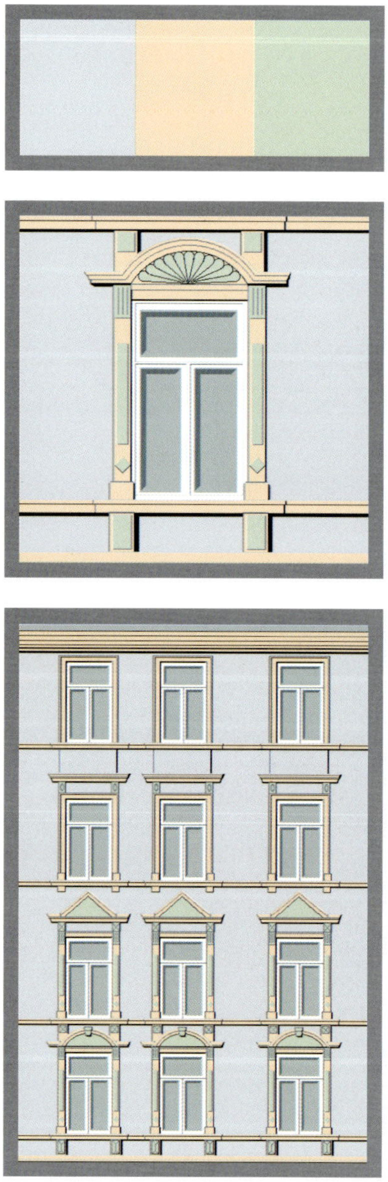

Bilder 3 und 4: Farbtöne gleicher Helligkeit.

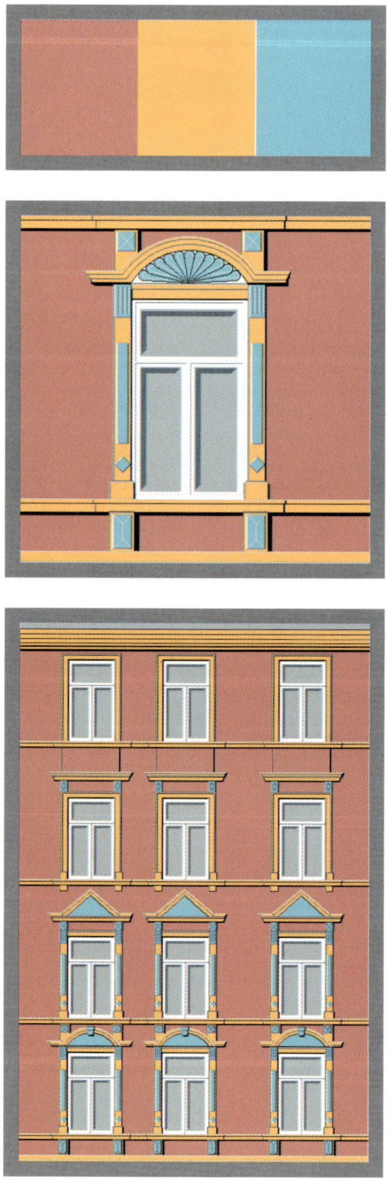

Bilder 5 und 6: Farbtöne gleicher Sättigung.

Innerhalb dieser Harmonievarianten können dynamische, spannungsvolle, entspannende oder statische, spannungslose Farbtonkombinationen aufgebaut werden.

Dynamik in der Farbharmonie entsteht durch eine Abfolge von Farbtönen. Das dem Naturschauspiel des Sonnenuntergangs und des Sonnenaufgangs entnommene Farbenspiel symbolisiert die Farbdynamik.

Wechseln Farbtöne von Weiß über Gelb, Orange und Rot zu Schwarz so ist die Dynamik spannungsvoll wie der Sonnenuntergang (Bild 1).

Stellt man sich den Farbwechsel des Himmels im Morgengrauen vor, so ist dies gleichzusetzen mit Entspannung; die Dunkelheit der Nacht wechselt zur Helligkeit. So stellt eine Farbtonfolge von Schwarz über Blauviolett, Blau, Blaugrün nach Weiß **Entspannung** dar (Bild 2).

Statisch dagegen ist eine Farbtonfolge gleicher Helligkeit kombiniert mit Nebenfarben der Sättigungsreihe. Wechselt eine Farbfolge von Gelborange über mehrere Gelb- und Grüntöne gleicher Helligkeit nach einem Gelbgrün, so ist diese Farbkombination spannungslos (Bild 3).

Bild 1: Spannung/Dynamik.

Bild 2: Entspannung.

Bild 3: Statik.

6. Gestaltungspraxis

Fragen:

1. Was sind bunte Farbtöne und wie unterscheiden sie sich von den farbigen Tönen?
2. Wie wird eine monochrome Farbreihe gemischt?
3. Wie ändert sich ein gelber Farbton, wenn Violett hinzugemischt wird?
4. Warum nennt man die Farbtöne Blau und Orange komplementär?
5. Warum sind Tertiärfarben getrübte Farbtöne?
6. Wie wird die Helligkeit eines Farbtons geändert?
7. Warum sind Helligkeit und Sättigung eines Farbtons gegenläufig?
8. Wie wird ein brauner Farbton gemischt?
9. Wie ändert Blau seinen Farbton, wenn Schwarz hinzugemischt wird?
10. Welche Farbtonreihen bilden das farbtongleiche Dreieck?
11. Wie werden die Farbtöne der Schattenreihe eines Basistones gemischt?
12. Wie entstehen polare Kontraste?
13. Mit welchen Farbtönen wird der Farbe-an-sich-Kontrast erzeugt?
14. Welche Farbtöne eignen sich für einen deutlichen Hell-Dunkel-Kontrast?
15. Welche Farbtöne werden als kalt und welche als warm bezeichnet?
16. Wann kommt es zum Flimmerkontrast?
17. Wie wird der Qualitätskontrast erzeugt?
18. Erklären Sie die Begriffe Dominante, Subdominante und Akzent im Zusammenhang mit dem Quantitätskontrast.
19. Eine Fassade soll einen hellen Gesamteindruck erzeugen. Wie kann sie dennoch kontrastreich gestaltet werden?
20. Welche Farbtöne führen sicher zu einem harmonischen Gestaltungseindruck?

I. Fries und Wandmotiventwurf für ein Kinderzimmer.

Ein Kinderzimmer, das als Spiel- und Schlafraum von zwei vier- und sechsjährigen Jungen genutzt wird, soll bunt gestaltet werden.

1. Bestimmen Sie einen hellen Farbton für die Wände, die Decke bleibt weiß.
2. Übertragen Sie das folgende Motiv auf einen DIN-A4-Karton, gestalten Sie den Fries bunt und grenzen Sie ihn mit der Wandfarbe ein.

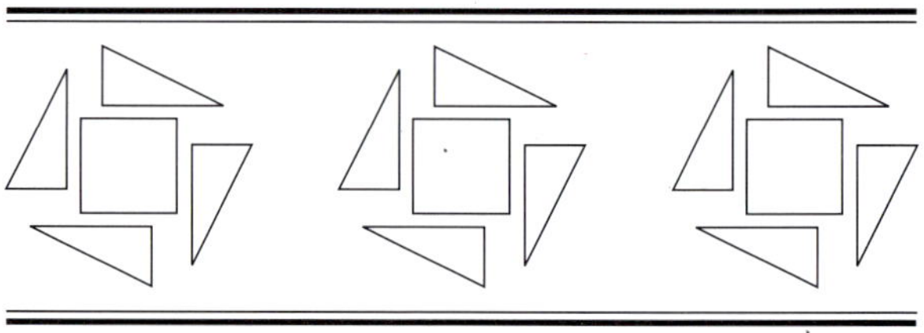

3. Der Harlekin soll in den Maßen 0,75 m x 1,00 m auf die fensterlose Wand des Raumes als Motiv aufgebracht werden. Erstellen Sie einen bunten Entwurf im Maßstab 1 : 5 auf einem DIN-A4-Karton.

Als Übertragungshilfe wählen Sie die **Gitternetzmethode**:

a) Sie überziehen die Vorlage mit waagerechten und senkrechten Linien im gleichen Abstand. Dadurch entsteht ein quadratisches Liniennetz.
b) Bezeichnen Sie die senkrechten Quadrate mit Ziffern, die waagerechten mit Buchstaben.

Beispiel:

c) Tragen Sie jetzt das entsprechend vergrößerte Gitternetz in dünner Bleistiftstärke auf Ihren DIN-A4-Karton.
d) Wie in Ihrer Vorlage bezeichnen Sie die senkrechten Quadrate mit Ziffern, die waagerechten mit Buchstaben.
e) Übertragen Sie die einzelnen Figurenlinien in die entsprechenden Quadrate.
f) Entfernen Sie das Gitternetz vorsichtig.

II. Wandornament für eine Eingangshalle.

In der Eingangshalle eines Bürogebäudes soll die Wandfläche gegenüber der Türseite mit einem Ornament in monochromen Farbtönen gestaltet werden. Wandfarbton und die monochromen Farbtöne des Ornamentes sollen passend zu den Bodenplatten gewählt werden.

1. Besorgen Sie sich eine Bodenplatte. Ein Bruchstück reicht auch.
2. Mischen Sie den Farbton der Bodenplatte als Ihren Basiston nach.
3. Kleben Sie mit 5 mm Linierband 16 Quadrate von 3 cm x 3 cm auf einem DIN-A4-Karton ab.

   Beispiel:

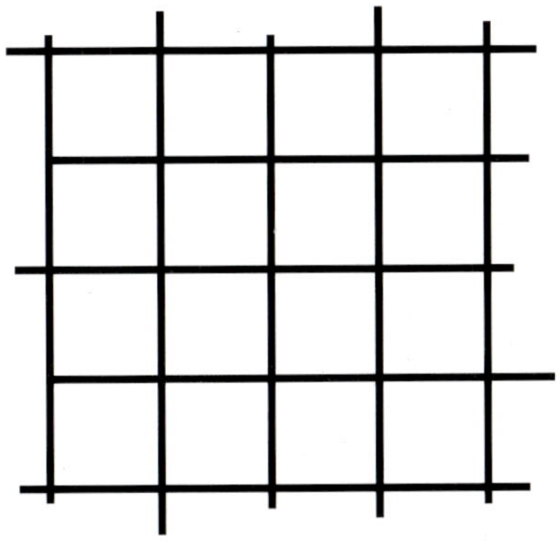

4. Mischen Sie aus Ihrem Basiston 16 Farbtöne unter Berücksichtigung der hellklaren, der verhüllten, der dunkelklaren, der verschatteten und der gesättigten Farbreihe.
5. Entfernen Sie das Linierband und wählen Sie aus dem so erhaltenen monochromen Farbschlüssel
   a) einen Farbton für die Wandfläche als Grundton,
   b) mindestens fünf Farbtöne für das Ornament.
6. Übertragen Sie die abgebildete Flächengestaltung (siehe folgende Seite) maßstabsgerecht in ein Quadrat von 20 cm x 20 cm auf einen DIN-A4-Karton.

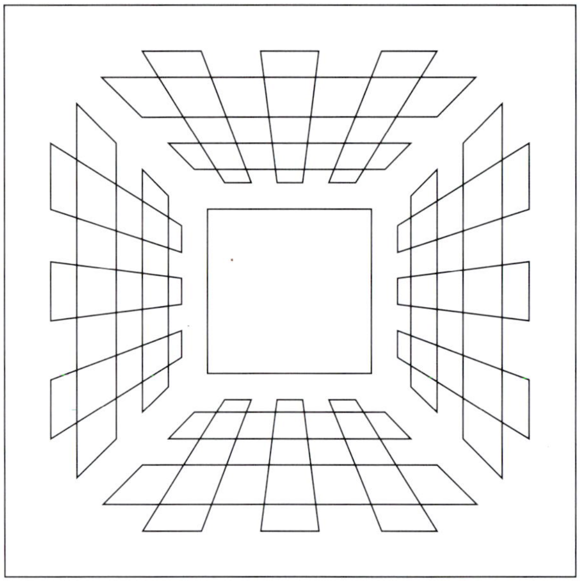

Als Übertragungshilfe wählen Sie die **Parallelverschiebung**:

a) Zeichnen Sie alle parallel- und diagonallaufenden Linien nach.
Beispiel:

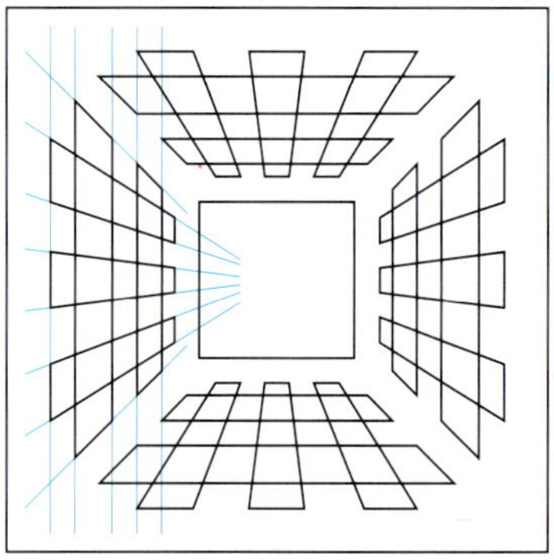

b) Errechnen Sie Ihren Vergrößerungsmaßstab aus der Größe des Originals und der Entwurfsgröße.
c) Zeichnen Sie das Wandrechteck auf Ihren Karton.
d) Messen Sie den Abstand der Parallelen auf Ihrem Original und multiplizieren Sie mit dem Vergrößerungsmaßstab. So erhalten Sie die Abstände in Ihrer Zeichnung.
e) Zeichnen Sie alle Parallelen und Diagonalen in dünner Bleistiftstärke als Hilfslinien.
f) Zeichnen Sie die Kontur des Wandbildes in dickerer Bleistiftstärke nach und entfernen Sie die Hilfslinien.

7. Führen Sie das Wandmotiv in Ihren gewählten Farbtönen aus.

III. Außenwandgestaltung eines Kindergartens.

Neben dem Eingangsbereich eines neuen Kindergartens soll auf der Außenwand, Untergrund Putz P IIb, das abgebildete Motiv farbig gestaltet werden. Legen Sie dazu einen farbigen Entwurf auf DIN-A4-Karton vor.

1. Bestimmen Sie die Art des Beschichtungsstoffes für den Untergrund MG P IIb.
2. Wählen Sie eine geeignete Vergrößerungsmethode.
3. Vergrößern Sie das Motiv mittig auf einen DIN-A4-Karton.
4. Legen Sie für die farbige Gestaltung des Motivs einen Farbplan nach folgendem Muster an:

	Basiston	Lichtton	Schattenton	Kontur
Hintergrund				
Spielfeld				
Spielfigur				
Spielfigur				
Spielfigur				
Würfel				
Lauffeld				

5. Mischen Sie die Farbtöne in ausreichender Menge für den Farbplan und für die Motivgestaltung.
6. Gestalten Sie das Motiv nach Ihrem Farbplan.
7. Entscheiden Sie, ob Konturen gezogen werden sollen.

IV. Farbgestaltung im Farbe-an-sich-Kontrast.

Das abgebildete Motiv „Drachen im Wind" soll nur in Primär- und Sekundärfarben ausgelegt werden. Entscheiden Sie sich für ein passendes Vergrößerungs- und Übertragungsverfahren.

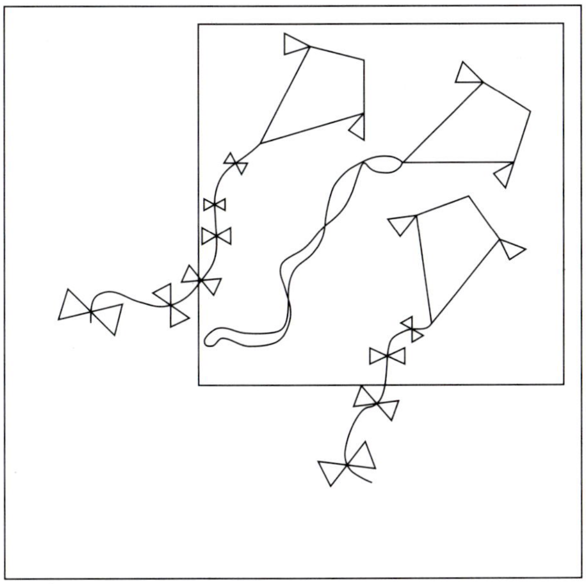

V. Hell-Dunkel-Kontrastübung.

Die jeweilige Buchstabenhälfte soll einmal hell auf dunklem und einmal dunkel auf hellem Grund kontrastreich dargestellt werden.

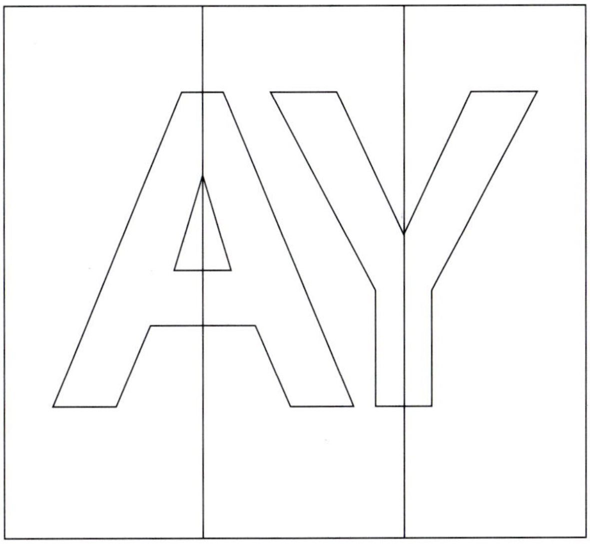

VI. Dominante – Subdominante – Akzent.

Wählen Sie für die Darstellung drei harmonisch aufeinander abgestimmte Farbtöne als Dominante. Legen Sie damit jeweils den größten Flächenanteil aus.

Für kleinere Flächen veränder Sie den Grundton, z. B. durch Verhüllen, und legen damit jeweils Felder als Subdominante aus.

Nur für Farbton 2 und 3 legen Sie in den kleinsten Flächenteilen einen farbigen Akzent.

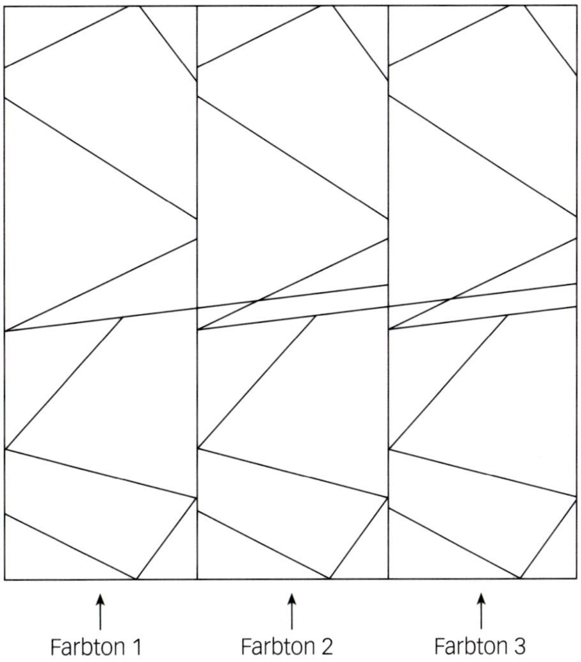

Vorlagen zu Farbkontraste:

Kopieren Sie die folgenden Abbildungen zu 120 % auf 200 g starkes DIN-A4-Papier. Legen Sie die Entwürfe in unterschiedlichen Farbkonrasten aus.

1. Strukturbilder

Innere Gliederungen oder **Strukturen** begegnen uns oft in der Natur. Laubbäume ohne Blätter unterscheiden sich durch die Struktur ihrer Äste. Sie haben bei einer Eiche eine andere innere Gliederung als bei einer Birke oder Buche. Eine Mauer aus Naturstein hat ebenso eine Struktur wie ein Holzfurnier. Blätter sind strukturiert, ebenso unsere Hautoberfläche oder Platinen (Bilder 1 bis 3).

Bild 1

Bild 2

Bild 3

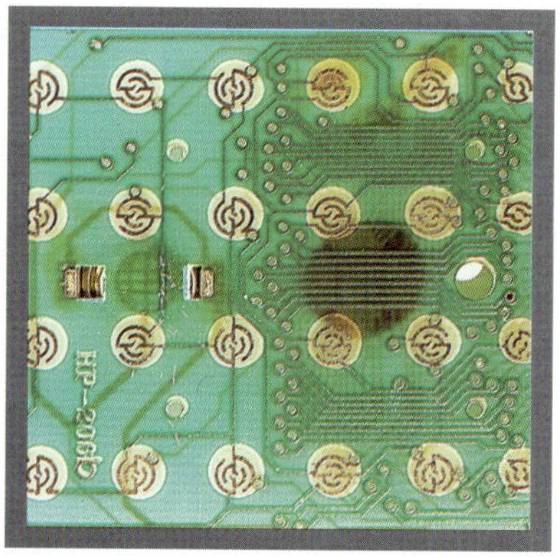

In der Gestaltung wird auf solche Strukturen zurückgegriffen, um Flächen zu gliedern. Flächenstrukturen können streng geometrisch oder fließend sein. In der Architektur sind geometrische Flächenstrukturen zu jeder Zeit zu erkennen. Ob bei Fachwerkhäusern der vergangenen Jahrhunderte die Aufteilung von Ständerwerk und Gefache eine Giebelfläche strukturiert (Bild 4), oder ob bei einem heutigen postmodernen Gebäude mit Glas, Metall und Stein eine Straßenfront gegliedert ist (Bild 5), in allen Fällen ist die Aufteilung der Fläche nach gestalterischen Gesichtspunkten festzustellen: Die Gliederung wird sowohl durch Flächenaufteilung als auch durch Farbe hervorgerufen (Bild 6).

Bild 4

Bild 5

Bild 6

Zeichnerisch lassen sich Strukturen durch Linien, Punkte oder geometrische Formen erreichen. Sie erzeugen ein Muster.

Bild 1

Bild 2

In einem **Ornament** (lat. ornamentum = Schmuck, Zierde) wiederholen sich Strukturformen in Wechsel, Reihungen, Rhythmen oder symmetrischen Anordnungen (Bilder 2 und 3). Menschen schmücken sich, ihre Kleidung oder ihre Behausung seit Urzeiten mit ornamentalen Formen, die meist der Natur nachempfunden wurden. Ornamente, ob vom Maler entworfen und ausgeführt, als Tapetenmuster vorhanden, als Fries oder als Wandbelebung, geben einer Fläche, einem Raum oder einem Baukörper Aussage und Bedeutung. Ornamente sind gestaltende Elemente, schmückendes Beiwerk. Sie erfüllen keinen technisch funktionalen Zweck.

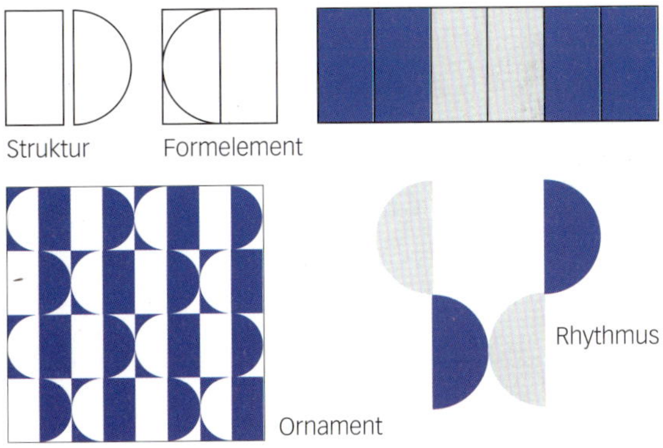

Bild 3

Strukturen werden auch durch unterschiedliche Gestaltungsmittel beim Auftrag von Beschichtungsstoffen erreicht (Bilder 4 bis 6). Wickeln mit den verschiedensten Materialien, Stupfen mit einem Schwamm oder mit einer Bürste, Sprenkeln mit einer Niederdruckspritzpistole erzeugen jeweils typische Strukturen (siehe Seite 42 f.).

Bild 4: Pinseltechnik.

Bild 5: Spachteltechnik.

Bild 6: Stupftechnik.

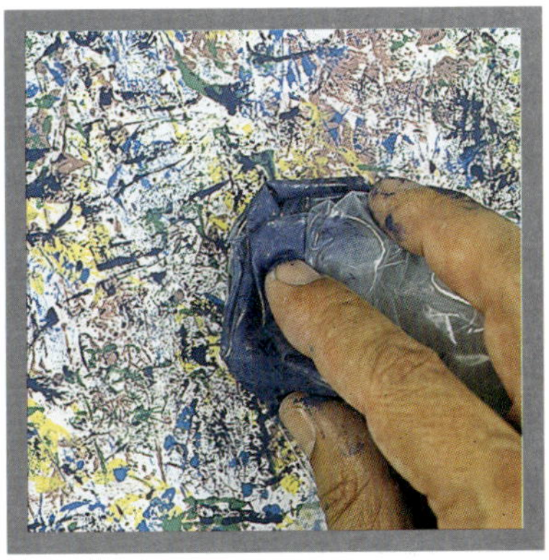

Die grobe Baumrinde, das Kiesbett am Fluss, der feine Sandstrand oder die vom Wind bewegte Wasserfläche sind plastisch durch die Struktur der Oberfläche. Struktur bleibt hier als Gestaltungsmittel nicht in der ebenen Fläche.

Bild 1

Bild 2

Bild 3

Bild 4: Holzoberflächen.

Bild 5: Buntsteinoberflächen.

Bild 6: Lackoberflächen.

Unterschiedliche Werkstoffe haben unterschiedliche **Oberflächenstrukturen** (Bilder 4 bis 6). Bei einer Raufaser und auch beim Rauputz erwartet niemand eine glatte Oberfläche, im Gegensatz zu einer lackierten Fläche. Das bearbeitende Werkzeug hinterlässt eine Struktur in der Werkstoffoberfläche. Wird Lack zum Beispiel gerollt, dann ist die ausgehärtete Oberfläche leicht genarbt wie eine Orangenschale, gestrichen sollte sie nicht streifig sein und gespritzt ist sie spiegelglatt. So können sowohl Werkstoff als auch Werkzeug bewusst zur strukturellen Oberflächengestaltung eingesetzt werden (siehe Seite 42 f.).

2. Struktur und Licht

Skifahrer kennen die Situation: Die Sonne wird durch Nebel fast verdeckt und liefert durch den Nebelschleier helles, diffuses Licht. Eine Abfahrt ist kaum möglich, da die Struktur des Abhangs nicht zu erkennen ist. Die gleichmäßig diffuse Beleuchtung erzeugt keine Schatten. Bodenformen, Vertiefungen oder Erhöhungen in der Oberfläche sind nicht zu erkennen, alles sieht gleich weiß aus.

Durch Art und Intensität der Beleuchtung werden Oberflächenstrukturen unterschiedlich deutlich:

- → Diffuses oder indirektes Licht lässt die Struktur zurücktreten oder verschwinden (Bild 1),
- → starkes direktes Licht setzt die Struktur herab, sie ist kaum wahrnehmbar (Bild 2),
- → seitlich einfallendes Licht (Streiflicht) lässt die Struktur einer Oberfläche deutlich hervortreten (Bild 3). ▶

In Räumen, die fast ausschließlich indirekt beleuchtet werden, z. B. Museen oder Ausstellungsräume, kann auf Materialien mit grober Oberflächenstruktur verzichtet werden.

Bild 1: Diffuses Licht.

Bild 2: Direktes Licht.

Bild 3: Streiflicht.

Licht beeinflusst auch die **farbige Strukturwirkung**. Das plastische Oberflächenbild einer Struktur im Streiflicht wird durch auftretende Schatten sichtbar (siehe Seite 10) und erzeugt in der Fläche einen Qualitätskontrast (siehe Seite 27). Bei sehr grober Oberflächenstruktur, z. B. Reibeputz, und gelben Farbtönen kann eine Farbtonverschiebung nach Grün auftreten (siehe Seite 24). Hier kann durch Zumischen von Weiß und damit durch Herabsetzen der Sättigung des gelben Farbtones Abhilfe geschaffen werden. Ebenso werden andere Farbtöne durch die Oberflächenstruktur in ihrer Farbigkeit beeinflusst. In der Fassadengestaltung ist hierauf besonders zu achten.

Remissionswerte unterschiedlicher Farbtöne auf unterschiedlich strukturierten Oberflächen, gemessen unter Lichtart D 65

	glatt	fein	mittel	grob
Grau Remissionswert	64 %	60 %	57 %	50 %
Gelb Remissionswert	61 %	58 %	56 %	48 %
Rot Remissionswert	43 %	40 %	36 %	37 %
Violett Remissionswert	29 %	27 %	26 %	24 %

Die Oberflächenstruktur entscheidet, ob und wie viel Licht absorbiert, remittiert oder reflektiert wird (siehe nebenstehende Seite und Seite 9). Die Wirkung kann matt, glänzend oder rau sein. Daher soll die Oberflächenstruktur die Funktion der Beschichtungsobjekte berücksichtigen. Soll die Form unterstützt werden, so muss die Oberfläche hochglänzend sein, z. B. beim Auto (Bild 1). Bei einem stumpfmatten Auto würde nicht nur die Form unterdrückt, auch das Metallische der Karrosserie käme nicht mehr zur Geltung (Bild 2). Wenn dagegen bei Altbaurenovierungen Unebenheiten der Fassade abgeschwächt werden sollen, ist eine matte Oberfläche zu bevorzugen.

Bild 1

Bild 2

3. Struktur und Werkzeug

Hinterlassen bearbeitende Werkzeuge typische Spuren in einem sonst eher ausdruckslosen, glatt aufgezogenen Werkstoff, so kann daraus eine strukturierte Oberflächengestaltung entstehen. Durch individuelle Handhabung der Werkzeuge entstehen unterschiedliche Oberflächeneindrücke. Experimente mit unterschiedlichen Werkstoffen und Werkzeugen, auch selbstgefertigten, lassen eigene dekorative Strukturen entstehen.

Beispiele für verschiedene Werkzeuge:

1. für **Putz**
Bürste, Spritzpistole, Glättkelle, Rolle
2. für **Dispersionsmasse**
Kamm, Spritzbeutel, Ziehwerkzeuge aus Holz, Pappe, Kunststoff
3. für **Dispersionen**
Schwamm, Pinsel, Japanspachtel, Kunststofffolie
4. für **Lack**
Spachtel, Gewebe unterschiedlichster Art, Folie, unterschiedliche Pinsel

Die Beispiele (Bilder 1 bis 4) zeigen Strukturierungstechniken, die mit oder in frischen Werkstoffen ausgeführt werden. Möglich ist es auch, bereits bestehende Strukturen, wie Präge- oder Strukturtapete, Glasfasergewebe oder Gitterstore, mit deckenden oder lasierenden Werkstoffen farbig weiter zu bearbeiten.

Bild 1: Bürste.

Bild 2: Spritzpistole.

Bild 3: Glättkelle.

Bild 4: Rolle.

Bild 1: Rustikaler Eindruck.

Bild 2: Sachlicher Eindruck.

Bild 3: Verspielter Eindruck.

Bild 4: Moderner Eindruck.

4. Struktur und Anmutung

Strukturen besitzen eine bestimmte Aussagekraft. Daher ist bei der Festlegung einer Struktur die Anmutung oder der erlebte Eindruck im entsprechenden Raum mit Möbeln oder Beiwerk in Einklang zu bringen. Strukturen rufen wie Farben psychologische Wirkungen hervor (siehe Seite 10 f.).

Soll z. B. Putz strukturiert werden, so kann alleine durch die Oberfläche der jeweils folgende Eindruck entstehen:

- → rustikal,
- → sachlich,
- → verspielt,
- → modern.

Mit der entsprechenden Wandbekleidung und dem richtigen Bodenbelag wird der Raumeindruck zum Erlebnis.

Strukturen, die einem Raum eine bestimmte Anmutung verleihen, sind auch durch Spezialbekleidungen zu erzielen. Es gibt Wandbekleidungen in Leinen-, Wolle-, Grasgeflecht-, Kork-, Stein- oder Glimmergranulat- und auch in Metall- oder Metallicoberfläche. Kombinationen dieser Strukturen ergänzen die Palette.

5. Strukturkontraste

Stehen natürliche Oberflächenstrukturen, z. B. Stein, Holz, Textil oder Metall, werkstoffabhängigen Oberflächenstrukturen gegenüber, z. B. Putz, Lack oder Tapete, so erzeugen sie **Strukturkontraste**. Die künstliche Strukturerzeugung soll den natürlichen Strukturen untergeordnet werden und Rücksicht nehmen auf die Aussage der natürlichen Stoffe.

Strukturkontraste und Farbkontraste (siehe Seite 26 ff.) sollen in Einklang gebracht werden; Farbe und Material harmonisieren.

Bild 1: Matt und dunkel.

Bild 2: Glänzend.

Bild 3: Rau.

Oberflächenstruktur	Aussage	Material
matt und dunkel	warm, behaglich, zurückhaltend, vornehm	Holz, Gewebe, Leder, Keramik
matt und hell	diffus, eintönig, zurückhaltend, glanzlos	Holz, Gewebe, Leder, Keramik
seidenglänzend	dezent, unbetont, unauffällig	Textiltapeten, Textilien, Keramik, Stein, Lack, Dispersionen
glänzend	kalt, spiegelnd, betonend, aufdringlich, sauber, festlich	Metall, Lack, Leder, Glas, Keramik, Stein
rau	belebend, warm, wohnlich	Holz, Tapete, Putz, Stein, Gewebe, Naturwerkstoff
strukturiert	auffallend, blickfangend, stabilisierend, flächenbelebend	Holz, Stein, Lasur, Dispersion, Lack

6. Gestaltungspraxis

Fragen:

1. Was ist eine Flächenstruktur?
2. Wodurch kann eine Flächenstruktur hervorgerufen werden?
3. Wie lassen sich zeichnerisch Flächenstrukturen erreichen?
4. Was ist ein Ornament?
5. Warum ist die Struktur ausschlaggebend für ein Ornament?
6. Wie lassen sich durch Auftragstechniken Strukturen erzeugen?
7. Wodurch kann eine Oberflächenstruktur erzeugt werden?
8. Warum kann bei diffuser Beleuchtung keine Struktur erkannt werden?
9. Welche Beleuchtungsart lässt eine Oberflächenstruktur deutlich hervortreten?
10. Welcher Farbkontrast kann bei einer stark strukturierten Oberfläche auftreten?
11. Welche Oberflächenwirkungen können durch die Eigenschaften des Lichtes entstehen?
12. Wie muss die Oberflächenstruktur beschaffen sein, wenn die Form des Beschichtungsobjektes betont werden soll?
13. Warum unterdrückt eine seidenmatte Fassadenbeschichtung Unebenheiten des Untergrundes?
14. Was ist ein Strukturkontrast?
15. Wie muss die Oberflächenstruktur beschaffen sein, wenn ihre Aussage warm, behaglich oder vornehm sein soll?
16. Welche Wirkung erzeugt eine glänzende Oberflächenstruktur?
17. Warum können Werkzeuge zur Oberflächengestaltung eingesetzt werden?
18. Mit welchen Hilfsmitteln kann eine Oberflächenstrukturierung noch hervorgerufen werden?
19. Nennen Sie Werkzeuge, mit der pastöse Werkstoffe strukturiert werden können.
20. Welche Anmutungen können durch Strukturen erzeugt werden?

I. Flächenstrukturen.

Zeichnen Sie vier Quadrate von je 10 cm Kantenlänge in einem Abstand von fünf Millimeter mittig auf ein DIN-A4-Blatt.
In den oberen beiden Quadraten legen Sie eine Struktur mit geraden Linien an.
In den unteren beiden Quadraten legen Sie eine Struktur mit Kreisen oder Kreisbögen an.

II. Ornamententwicklung.

Aus den geometrischen Formen Kreis, Dreieck und Quadrat sollen Strukturformen entwickelt werden. Aus den gefundenen Strukturformen werden Ornamente entwickelt durch:

→ Wechsel,
→ Reihung,
→ Rhythmus.

Zeichnen Sie dazu auf ein DIN-A4-Blatt ein Rechteck von 15 cm x 20 cm. Teilen Sie dieses Rechteck mit fünf waagerechten und sieben senkrechten Linien in 48 Quadrate von je 2,5 cm Kantenlänge. Sie erhalten dadurch folgendes Raster:

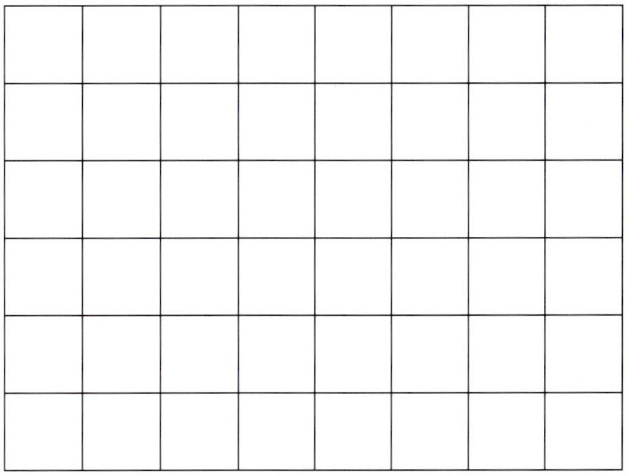

Falten Sie Karton oder Tonpapier einige Male und zeichnen Sie die drei geometrischen Formen auf die Rückseite:

→ Quadrat, Kantenlänge 2,5 cm,
→ gleichschenkliges Dreieck, Schenkellänge 2,5 cm,
→ Viertelkreis, Radius 2,5 cm.

Schneiden Sie die Formen aus. Dadurch erhalten Sie mehrere Einzelformen.

Legen Sie jetzt die Formen auf das Raster zu Strukturformen.

Beispiele:

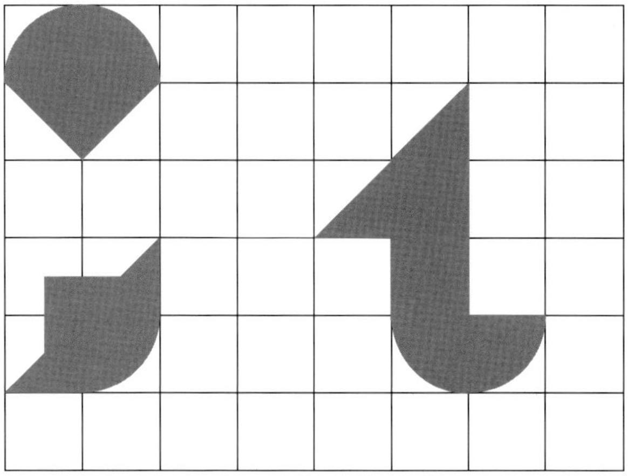

Aus den Strukturformen legen Sie ein Ornament, jeweils in Reihung, Wechsel oder Rhythmus.

Beispiel:

Entwerfen Sie aus einem Ihrer Strukturformen ein Ornament auf DIN A4 und legen Sie es mehrfarbig aus. Oder Sie schneiden die Strukturformen aus farbigem Papier aus und kleben ein Ornament.

Beispiel:

III. Ornamentgestaltung.

Suchen Sie sich Formen in der Natur, z. B. Blätter. Zeichnen Sie die Form nach und entwickeln Sie daraus Ornamente für:

- → einen Fries,
- → eine Flächengestaltung,
- → für ein Tapetenmuster.

Beispiel:

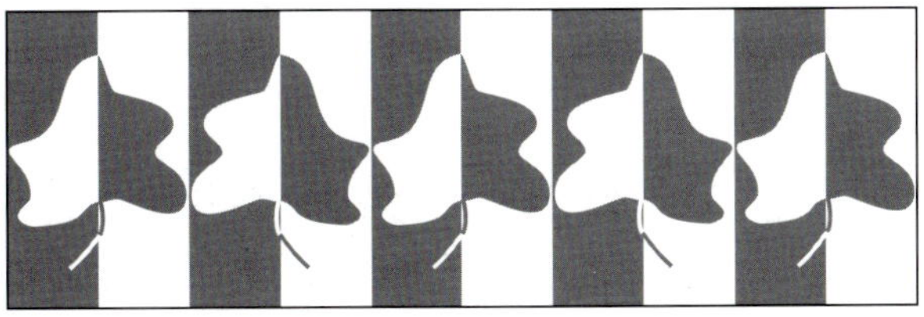

IV. Auftragsstrukturen.

Strukturieren Sie mehrere DIN-A5-Blätter mit unterschiedlichen Auftragsverfahren, z. B.

- → Sprenkeln eines pastellfarbig gestrichenen Kartons mit mehreren Kontrastfarben mittels einer Zahnbürste.
- → Tupfen von mehreren Farbtönen nass in nass mit einem Naturschwamm.
- → Wickeln eines vorgestrichenen Kartons mit unterschiedlichen Materialien, z. B. Leinen, Plastikfolie oder Fensterleder.
- → Stupfen einer vorgestrichenen Fläche mit mehreren Farben mittels eines Stücks groben Teppichbodens.

Von diesen Farbvorlagen schneiden Sie 5 cm x 5cm große Quadrate und kleben je vier waagerecht und senkrecht zu einem Quadrat auf. Ordnen Sie dabei die 16 Quadrate z. B. nach Helligkeit, Kontrast oder Farbtönen.

Kombinieren Sie Quadrate der Auftragsstrukturen mit Flächenstrukturen aus Aufgabe I.

V. Strukturkontraste.

Zeichnen Sie ein Rechteck von 16 cm x 24 cm auf ein DIN-A4-Blatt und teilen Sie es nach Belieben in vier Rechtecke und zwei Quadrate.

Legen Sie nach dieser Flächenteilung Strukturkontraste mit den unterschiedlichsten Materialien an.

VI. Werkzeugstrukturen.

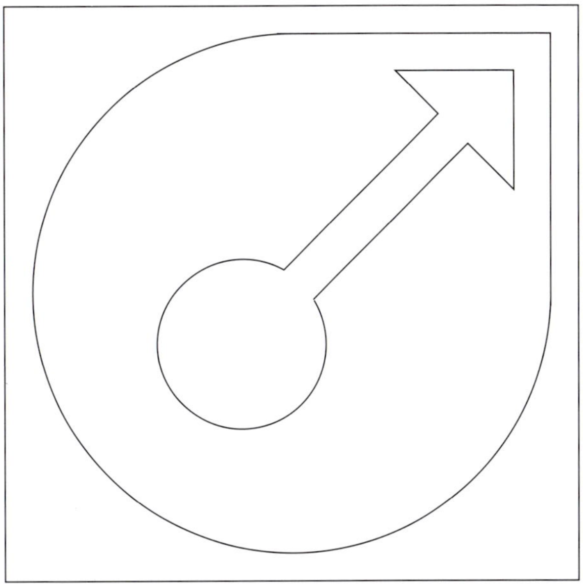

Die abgebildete Flächenteilung soll mit Dispersionsplastik in unterschiedlichen Oberflächenstrukturen farbig gestaltet werden.

Legen Sie dazu Struktur und Farbmuster nach folgendem Beispiel an:

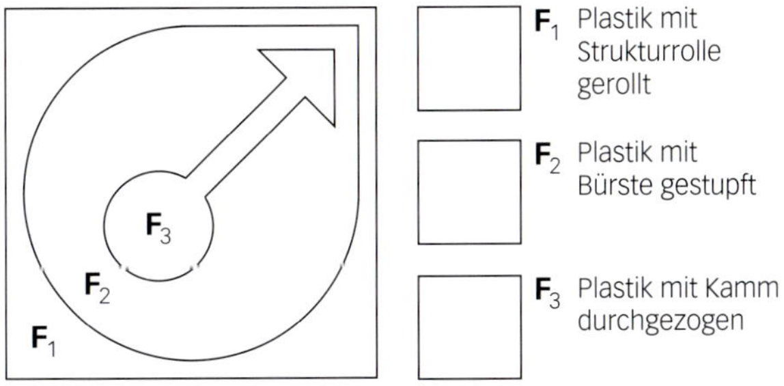

Legen Sie nur die Musterquadrate mit der Plastik an. Dazu verfahren Sie wie folgt:

- → Plastikmasse auf einer Glasplatte auftragen und strukturieren,
- → Plastikmasse aushärten lassen,
- → Oberfläche farbig gestalten,
- → nach Durchtrocknung Quadrate in entsprechender Größe, z. B. 5 cm x 5 cm, mit dem Cuttermesser ausschneiden,
- → ausgeschnittene Quadrate vorsichtig von der Glasplatte lösen und als Muster aufkleben.

Vorlagen zu Strukturkontrasten.

Kopieren Sie die folgenden Abbildungen zu 120 % auf 200 g starkes DIN-A4-Papier.

Die Vorlagen eignen sich um Kontraste darzustellen. Sie können die Felder auslegen oder bekleben.

Stellen Sie folgende Kontraste dar:

- → Farbkontraste,
- → Strukturkontraste,
- → Materialkontraste.

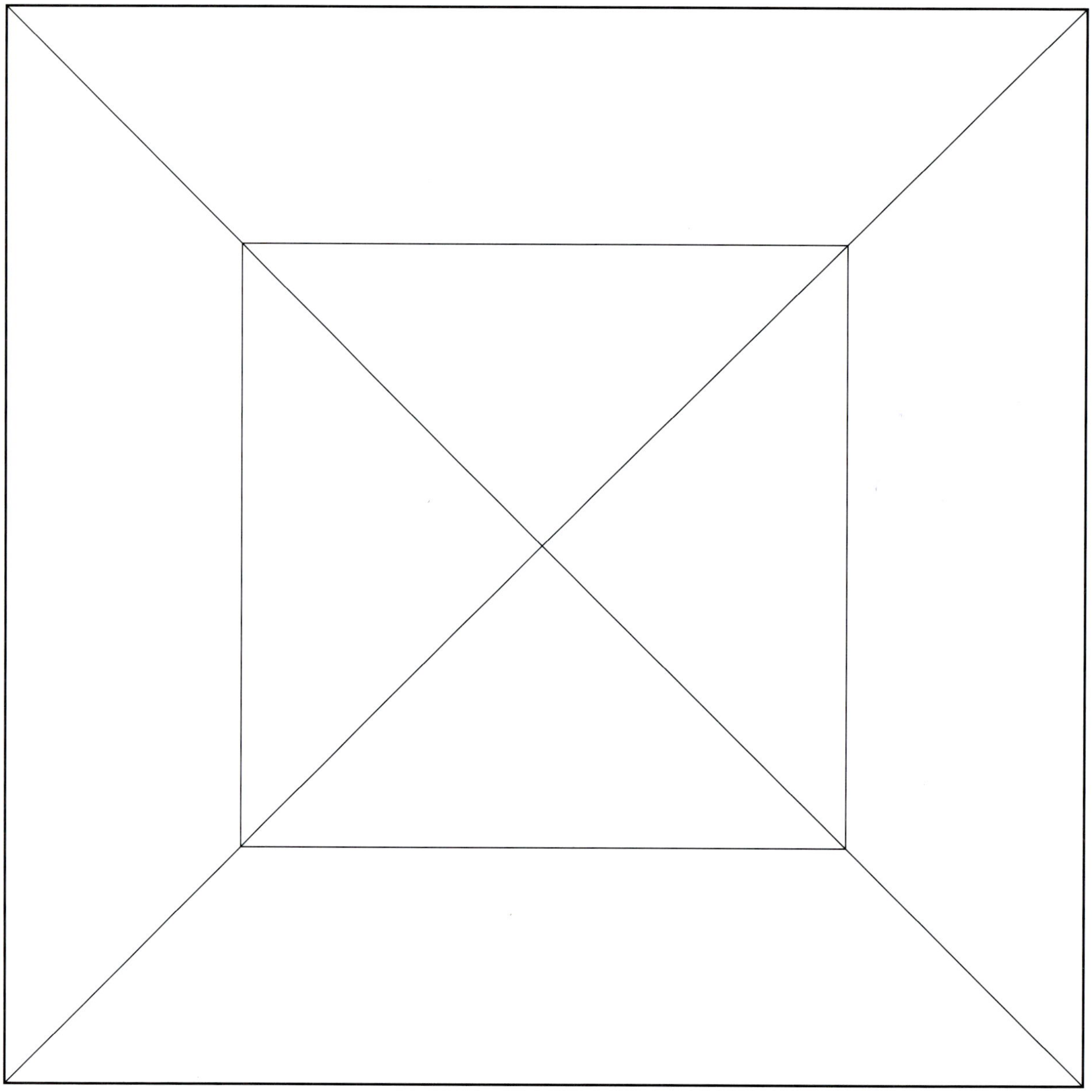

1. Analyse

Ein Baukörper braucht Pflege um seine Funktion möglichst lange zu erhalten: Dem Menschen Schutzraum für sein tägliches Tun zu gewähren. Erhält ein Baukörper eine neue Beschichtung, dann sicherlich, um ihn dauerhaft vor Witterungseinflüssen zu schützen und um somit seinen Wert zu erhalten. Die Beschichtung soll auch ästhetischen Gesichtspunkten genügen.

Eine systematische Vorgehensweise zur Vorbereitung einer Beschichtung ist aus technologischer Sicht notwendig; bei der Farbgestaltung eines Baukörpers gibt sie Sicherheit bei der Auswahl der Farbtöne. Eine **Analyse** liefert das Gesamtbild eines Bauwerks sowohl in architektonischer als auch in farbgebender Hinsicht. Die wechselseitige Beziehung zwischen der Form eines Baukörpers und seiner endgültigen farbigen Beschichtung erfordert daher zunächst eine **Bestandsaufnahme**:

Bestandsaufnahme für die Farbplanung eines/r Baukörpers/Fassade

stilgeschichtliche Einordnung des Bauwerks

historische Einordnung
❑ romanisch ❑ historistisch
❑ gotisch ❑ Jugendstil
❑ Renaissance ❑ modern
❑ klassizistisch ❑ postmodern
❑ Barock ❑ ______
❑ Rokoko

zeitliche Einordnung
❑ vor 1900 ❑ Baujahr: ______
❑ 1900–1945
❑ 1950–1975 ❑ ______
❑ 1975–heute

farbliche Einordnung
❑ vorgegeben
❑ frei wählbar
❑ materialgebunden
❑ Farbgesamtplan
❑ ______

Denkmalpflegerische Einordnung
❑ ja
❑ nein
❑ teilweise
❑ besondere Berücksichtigung
❑ ______

Standort des Bauwerks

Bebauung
❑ einzeln
❑ locker
❑ gedrängt
❑ dicht
❑ geschlossen
❑ ______

Landschaft
❑ Ebene ❑ Freiland
❑ Hang ❑ wasser-umgebend
❑ Berg
❑ bewaldet ❑ ______

Standort
❑ allein ❑ Industrie-gebiet
❑ Dorf
❑ Stadt ❑ Mischgebiet
❑ Gewerbe-gebiet ❑ ______

Lage
❑ einzeln ❑ Gartenanlage
❑ Straße ❑ Wald
❑ Platz ❑ ______
❑ Park

Zweck des Bauwerks

Verwendung
❑ privat
❑ geschäftlich
❑ öffentlich
❑ kulturell
❑ ______

Benutzung
❑ eigen
❑ vermietet
❑ ______

Art des Bauwerks

Art
❑ Wohnhaus ❑ Kultur-gebäude
❑ Kindergarten
❑ Handwerks-betrieb ❑ Schule
❑ landwirtschaftl. Gebäude
❑ Gewerbehalle
❑ Fabrik-gebäude ❑ ______

Bauweise
❑ Bungalow
❑ eineinhalbgeschossig
❑ mehrgeschossig
❑ Hochhaus
❑ ______

unabänderbare, gegebene Farbtöne des Baukörpers

Dachziegel
❑ Ton ❑ rot
❑ Betonstein ❑ braun
❑ Faserzement ❑ schwarz
❑ Dachpappe ❑ Farbton: ______
❑ ______

Fenster
❑ Holz ❑ weiß
❑ Kunststoff ❑ natur
❑ Metall ❑ Farbton: ______
❑ Glas
❑ ______

Tür
❑ Holz ❑ weiß
❑ Kunststoff ❑ natur
❑ Metall ❑ Farbton: ______
❑ Glas
❑ ______

Gewände
❑ Naturstein ❑ natur
❑ Kunststein ❑ beschichtet
❑ Beton ❑ Farbton: ______
❑ ______

Gesimse
❑ Naturstein ❑ natur
❑ Kunststein ❑ beschichtet
❑ Beton ❑ Farbton: ______
❑ ______

______
❑ ______ ❑ Farbton: ______
❑ ______ ❑ Farbton: ______

______
❑ ______ ❑ Farbton: ______
❑ ______ ❑ Farbton: ______

______
❑ ______ ❑ Farbton: ______
❑ ______ ❑ Farbton: ______

farbig zu gestaltende Bauteile und Flächen

Wände
❑ Putz ❑ grob
❑ Mauerwerk ❑ fein
❑ Faserzement ❑ glatt
❑ Beton ❑ ______
❑ ______

Fenster
❑ Holz
❑ Kunststoff
❑ Metall
❑ ______

Tür
❑ Holz
❑ Kunststoff
❑ Metall
❑ ______

Fensterläden/Rollläden
❑ Holz
❑ Kunststoff
❑ Metall
❑ ______

Gewände
❑ Naturstein
❑ Kunststein
❑ Beton
❑ ______

Gesimse
❑ Naturstein
❑ Kunststein
❑ Beton
❑ ______

Balkon-
❑ Beton ❑ Holz
❑ Kunststoff ❑ ______
❑ Faserzement

Dachaufbauten
❑ Beton ❑ Holz
❑ Kunststoff ❑ ______
❑ Faserzement

Sockel
❑ Putz ❑ Beton
❑ Mauerwerk ❑ ______
❑ Klinker

Regenabläufe
❑ Metall
❑ Kunststoff
❑ ______

______
❑ ______
❑ ______
❑ ______
❑ ______

→ **Stilgeschichtliche Einordnung des Bauwerks.**
Historische Bauwerke sind gebunden an die Farbgebung ihrer Entstehungszeit. Modernere Bauwerke sind in ihrer farblichen Gestaltung allgemein frei von traditionellen Festlegungen, es sei den, sie sind in einen historischen Gesamtplan eingeordnet.

→ **Standort des Bauwerks.**
Die verschiedensten Standortfaktoren führen zu unterschiedlicher Farbgebung am Bauwerk. Die Landschaft mit ihren geografischen Eigenarten und die klimatischen Verhältnisse sind wirkungsvolle Einflussfaktoren. Ein Baukörper in einer Industrielandschaft muss farblich anders gestaltet sein als ein Wohnhaus am Waldrand oder ein Hotel an der See. Ein frei stehendes Gebäude verlangt eine auffälligere Farbkonzeption als ein Bauwerk, das Teil einer Straße oder eines Platzes ist.

→ **Zweck des Bauwerks.**
Der Unterschied zwischen einem Wohn-, Geschäfts-, Gesellschafts- oder Industriegebäude liegt nicht nur in der architektonischen Gestaltung, sondern kann auch durch die Farbgestaltung betont werden. Eine Fabrik zeichnet sich eher durch eine sachlich-funktionelle Farbgebung aus, ein Wohnhaus dagegen durch eine behaglich-wohnliche.

→ **Art des Bauwerks.**
In der farbigen Gestaltung ist sowohl die Art eines Bauwerks als auch die Bauweise zu berücksichtigen. So erfordern Einfamilienhäuser einen intimeren Farbcharakter als Wohnhochhäuser. Schulen setzen eine andere funktionale Farbgebung voraus als Geschäftshäuser oder Ausstellungshallen. Theater unterscheiden sich durch Farbe und Material von Bürogebäuden oder landwirtschaftlichen Betrieben.

→ **Unabänderbare, gegebene Farbtöne des Bauwerks.**
Eine neue Farbgestaltung kann nicht losgelöst von den vorhandenen, gegebenen Farbtönen eines Baukörpers vorgenommem werden. Die Farbe des Daches oder die Natursteingewände von Fenstern und Türen können ebenso unabänderbar sein wie die bunten Farbtöne der Fensterrahmen eines modernen Einfamilienhauses. Sie alle sind in eine Gesamtkonzeption mit einzubeziehen.

→ **Farbig zu gestaltende Bauteile und Flächen.**
Türen, Fensterrahmen, Regenabläufe, Fensterläden oder Rollladen werden entsprechend der Gesamtkonzeption farbig hervorgehoben oder untergeordnet. Flächenteilungen richten sich nach den architektonischen Gegebenheiten des Baukörpers. Sie können diese verstärken oder zurücktreten lassen. Daher ist es wichtig, die zu beschichtenden Bauwerksteile aufzulisten.

Die Auswertung der Bauwerksanalyse liefert die Bedingungen für eine Farbkonzeption, die

→ gestalterisch,
→ psychologisch und
→ technisch einzuordnen sind.

Diese Bedingungen stehen in einer Wechselbeziehung zueinander und liefern den Rahmen für ein Farbkonzept (Bild 1).

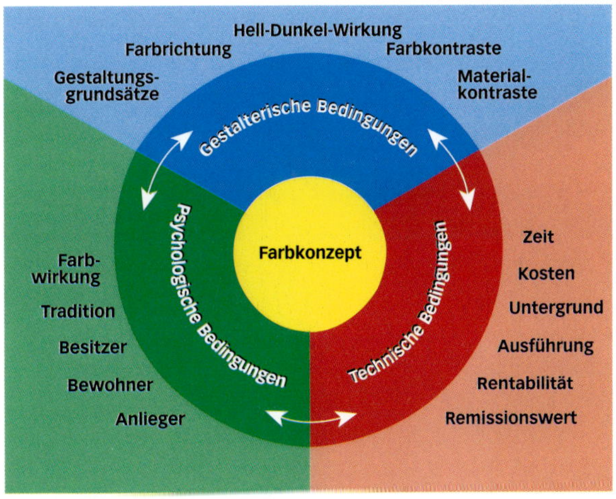

Bild 1

Gestalterische Bedingungen. Hier sind die **Gestaltungsgrundsätze** zu berücksichtigen. Sie beinhalten

→ **die Gestaltungselemente:**
- Form des Baukörpers (siehe Seite 61 ff.),
- Farbe, unabänderbar und materialbedingt,
- Werkstoff und Material, z. B. Holz, Naturstein, Glas oder Metall, das mitverbaut wurde,
- Oberflächenstruktur (siehe Seite 38 ff.).

→ **den Gestaltungsaufbau:**
- hohe oder geringe Ordnung, z. B. die Anzahl der Gestaltungselemente,
- hohe oder geringe Komplexität, z. B. durch Abweichen von horizontalen und vertikalen Gliederungen (siehe Seite 54 f.),
- ausgewogenes oder verschobenes optisches Gleichgewicht, z. B. das genaue Beachten des Verhältnisses von Hell und Dunkel.

Die **Farbrichtung** ist abhängig von der landschaftlichen und baulichen Umgebung des zu gestaltenden Baukörpers. Z. B. sollte ein im Grünen liegendes Gebäude mit Rücksicht auf den natürlichen Farbwechsel der Jahreszeiten in neutraleren aufgehellten Farbtönen gestaltet werden.
Die **Hell-Dunkel-Wirkung** von Gestaltungselementen betont oder unterdrückt die Architektur eines Gebäudes. Ein deutlicher Hell-Dunkel-Kontrast verursacht eine starke grafische Wirkung, ein geringer Hell-Dunkel-Kontrast lässt die Gestaltungselemente verflachen, die Architektur tritt zurück.
Farbkontraste können den Ausdruck eines Baukörpers polar verändern (siehe Seite 27). Durch den Qualitäts- oder den Quantitätskontrast kann z. B. ein Bauwerk dynamisch oder statisch, leicht oder schwer, kompakt oder transparent wirken.

Treffen verschiedene Materialien mit unterschiedlichen Oberflächenstrukturen aufeinander, so bilden sie **Materialkontraste** (siehe Seite 42 ff.). Diese werden z. B. durch Holz und groben Putz, Glas-Beton-Metall oder Naturstein mit Feinputz entstehen.

Die **psychologischen Bedingungen** nehmen Rücksicht auf das Farbempfinden der Anlieger und Bewohner eines Gebäudes. Dabei spielt die Wirkung von Farben und deren Auswirkungen (siehe Seite 10 f.) eine bedeutende Rolle. Aber auch traditionelle Farbgebungen, die regional mehr oder weniger Bedeutung besitzen, fließen in ein Farbkonzept ein.

Technische Bedingungen sind grundsätzlich in ein Farbkonzept mit aufzunehmen, da sie Haltbarkeit und Lebensdauer einer Beschichtung bestimmen.
Jede Beschichtung ist so gut oder so schlecht wie der **Untergrund**. Beschichtung und Untergrund sind demnach aufeinander abzustimmen. Nach VOB muss jeder zu beschichtende Untergrund beurteilt und auf seine Tragfähigkeit hin überprüft werden. Die physikalischen Auswirkungen einer farbigen Beschichtung gehen mit in die Farbgestaltung ein. Der **Remissionswert** gibt an, inwieweit dunkle Farben auftretende Sonneneinstrahlung stärker absorbieren als helle (siehe Seiten 7 und 40). Davon sind die Oberflächentemperaturen abhängig, die zudem von der **Gebäudehauptachse** beeinflusst werden. Nordwände werden nur im Hochsommer kurzfristig von direkter Sonneneinstrahlung getroffen. Im Winter erhalten nur Südwände eine hohe Strahlungsintensität. Bei Ost- und Westwänden trifft an wolkenlosen Tagen zwar die gleiche Strahlungsmenge auf, aber zu unterschiedlicher Zeit. Da bei Westwänden die höchste Bestahlung mit der höchsten Tagestemperatur zusammenfällt, erreichen Westwände im Sommer höhere Temperaturen als Ostwände. Aus diesen Gründen können z. B. bei dichter Straßenbebauung Fassaden zur Nordseite hin mit gesättigteren, dunkleren Farbtönen bedacht werden als Westfassaden.

2. Gestaltungsflächen

Ein wesentliches Element in der Gestaltung ist die Form eines Baukörpers. Dabei kann die Gesamtform aus einfachen geometrischen Flächenformen bis hin zu einer Anhäufung scheinbar ungeordneter Körperformen zusammengesetzt sein (Bilder 1 bis 3).

Bild 1

Bild 2

Bild 3

Zurückführen kann man jede noch so komplizierte Körperform auf geometrische Grundformen. Ähnlich wie bei der Konstruktion von Ornamenten (siehe Seite 37) können Flächenformen nach dem Baukastenprinzip auf drei geometrische Formen zurückgeführt werden (Bild 4):

- → Halbkreis,
- → Quadrat,
- → Dreieck.

Bild 4

Bild 5

Bild 6

Nach diesem Prinzip lässt sich jeder Baukörper, auch komplexe Gebäudeteile, durch eine **geometrische Flächenauflösung** auf wenige Gestaltungsflächen zurückführen (Bilder 5 und 6).

Jede einzelne Grundform kann wiederum durch eine Aufteilung gestaltet werden. Auch dabei sind die Gestaltungsgrundsätze zu beachten.

Der Baukörper hat ein Rechteck als gestaltende Fassadenfläche. Diese sehr einfache Fläche soll eine betonte Flächenteilung erhalten. Die Betonung der Fläche und damit die Betonung des Baukörpers kann nach folgenden Gesichtspunkten vorgenommen werden:

- → Die Fläche als Ganzes wird betont (Bilder 1 und 2),
- → die Fläche wird vertikal betont, dadurch wirkt sie aufstrebend, aber seitlich verkürzt (Bilder 3 und 4),
- → die Fläche wird horizontal betont, dadurch wirkt sie seitlich gestreckt, aber auch abgeflacht (Bilder 5 und 6),
- → die Fläche wird horizontal und vertikal geteilt, die Richtungsbetonung wird dadurch abgeschwächt (Bilder 7 und 8).

Eine Flächenteilung kann aber auch nach dem **goldenen Schnitt** gestaltet werden.

Der goldene Schnitt ist eine **harmonische Teilung**. Er teilt in zwei ungleich große Teile, und zwar so, dass der kleinere Teil (Minor) zum größeren Teil (Major) im selben Verhältnis steht wie der größere Teil zum Gesamten.

Konstruktion:

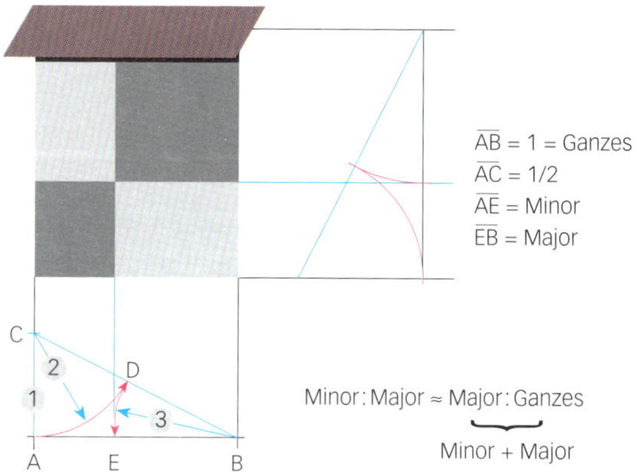

Rechnerisch ergibt die Teilung das angenäherte Verhältnis von 1 : 1,6175. Daraus lassen sich Minor und Major bestimmen:

Ganzes : 1,6175 = Major
Major : 1,6175 = Minor
Minor x 1,6175 = Major

Der goldene Schnitt ergibt annähernd die goldene Reihe:

5 : 8 : 13 : 21 : 34 : 55 : 89 : 144 usw.

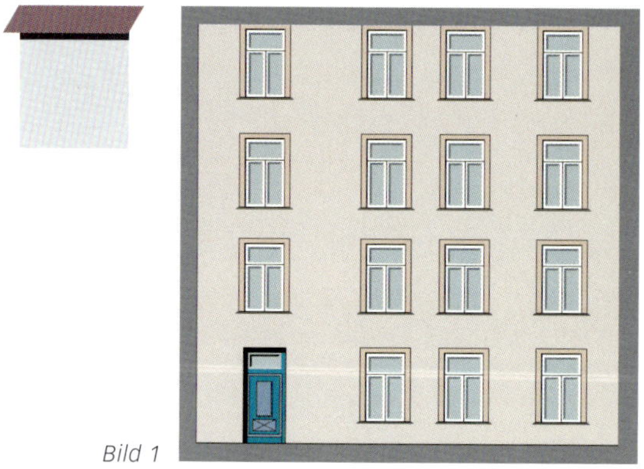

Bild 1

Bild 3

Bild 5

Bild 7

Bilder 1 bis 8: Flächenteilungen und Gestaltungsbauteile.

Bild 2

Bild 4

Bild 6

Bild 8

3. Gestaltungsbauteile

Ein Baukörper und somit seine Gestaltungsflächen wird von seinen unterschiedlichen **Bauteilen** geformt. Erst Fenster, Türen, Gesimse, Balkone, aber auch ein Wechsel von Strukturflächen, gliedern den Baukörper und fügen sich zu einem Baustil zusammen. Dabei können einzelne Bauteile oder Bauteile zusammen gestaltet werden. Zu beachten ist, dass das Prinzip von stützenden und tragenden Architekturgliedern nicht verloren geht.

Beispiel:

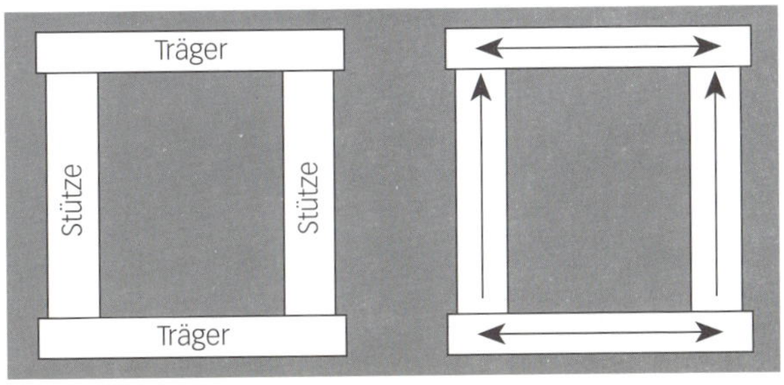

Bauteil / Bauform	Wirkung
	Kraft stützend, aufrecht, aufragend, aufstrebend, leicht, hoch
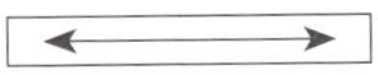	Last schwer, tragend, drückend, belastend, niedrig, gedrungen

Sind Bauteile, z. B. Fenster, gleichmäßig oder symmetrisch in eine Gebäudefläche eingeordnet, so können sie durch farbliche Gestaltung zusammengefasst werden. Auf den Baukörper werden sie dadurch unterschiedlich wirken.

Das Fenster selbst kann als Gestaltungsobjekt dienen, um die Einförmigkeit der Fensteröffnungen durch Gestaltungselemente vorteilhaft zu verändern. Dabei können die in den Bildern 1 bis 8 dargestellten **Schmuckelemente** malerisch, also auf der Fassadenfläche, oder plastisch, durch Auftragen von Stuckleisten oder Stucksegmenten, hergestellt werden.

Wird die Farbgestaltung im Qualitätskontrast mit dem Fassadenfarbton als Dominante, der Rahmung als Subdominante und Linien oder Ritzer als Akzentfarbton ausgeführt, so entsteht ein schlüssiges Gestaltungskonzept (siehe Seite 27).

1

2

3

4

5

6

7

8

4. Gesamtgestaltungen

Das Einbeziehen von Gestaltungselementen oder Gestaltungsbauteilen in das Gesamtkonzept einer Baukörpergestaltung kann den Baustil völlig ändern oder den Baukörper an seine Umgebung anpassen. Die folgenden Lösungsbeispiele zeigen, wie sich ein Haustyp durch Gestaltung ändert.

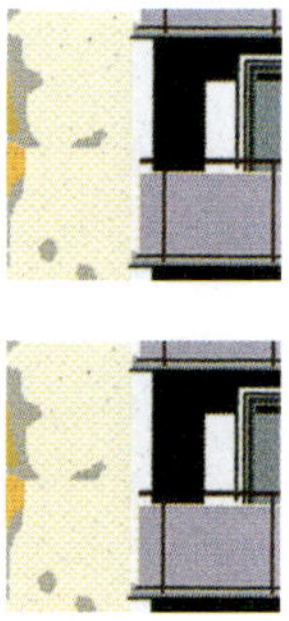

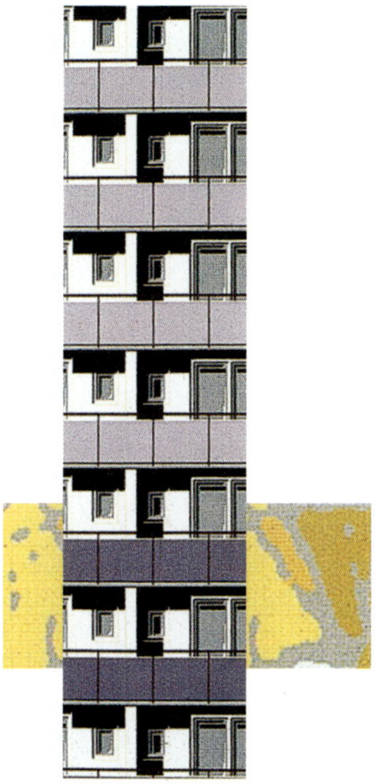

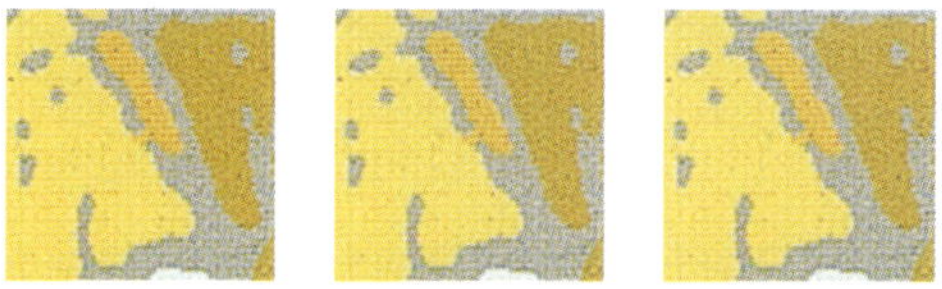

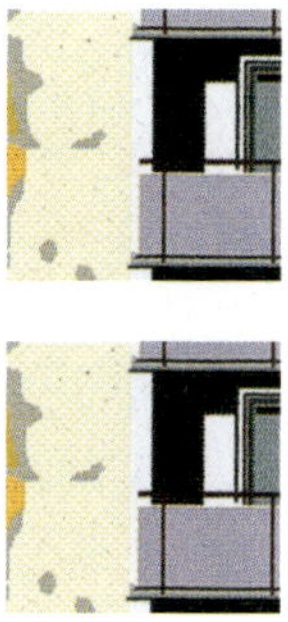

1. Gestaltungsflächen

Ein Baukörper kann allein durch seine Lage zur Straße unterschiedliche Flächenwirkungen erzeugen. Aneinander gereihte Giebelhäuser sind vertikal betont und wirken aufstrebend. Häuser, die mit ihrer Traufenseite aneinander stehen, wirken seitlich gestreckt und abgeflacht, weil die Bauweise die Horizontale betont (Bild 1).

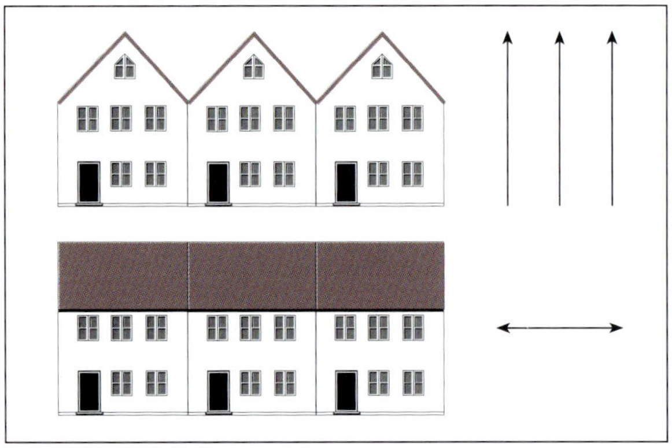

Bild 1

Diese Betonung tritt besonders deutlich hervor, wenn nicht ein Haus, sondern eine Gebäudegruppe als Gestaltungsfläche gesehen wird.

Auch bei **gleichen Baukörpern** ist eine systematische Vorbereitung in Form einer Analyse der einzelnen Gebäude notwendig (siehe Seite 50 f.). Das Zusammenführen von einzelnen Häusern oder Wohneinheiten ist eine farbgestalterische Möglichkeit, mit der Nachbarschaft unterstrichen werden kann. Es ist ratsam, Gestaltungsvorschläge mit den einzelnen Hausbewohnern abzustimmen.

Häuserzeilen, Straßenzüge oder Wohnblocks, bei denen alle Einzelhäuser gleich große Fassadenflächen aufweisen, können in der Fluchtlinie unterschiedlich sein (Bilder 2 bis 4). Licht- und Schattenwirkung sind bei solchen Hausgruppen wegen der Farbtonverschiebung oder Farbtonverhüllung zu berücksichtigen (siehe Seite 24).

Die Häuserzeilen können an der Fluchtlinie in Gestaltungsflächen zusammengeführt oder aufgelöst werden.

Dabei ist der einzelne Baukörper zu berücksichtigen; es wäre z. B. falsch die beiden Hälften eines Doppelhauses farbig zu unterscheiden.
Für Häuserzeilen mit gleich großen Fassadenflächen sind Gestaltungsmöglichkeiten in

- → **monochromen**,
- → **polychromen** oder
- → **helligkeitsgleichen** Farbtönen denkbar (siehe Seiten 21 f. und 28).

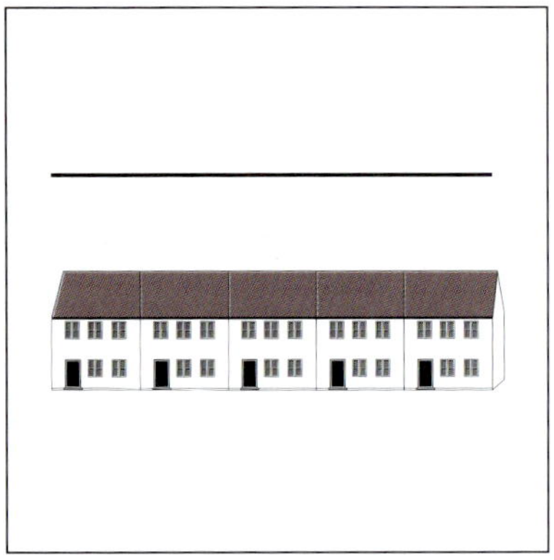

Bild 2

Bild 3

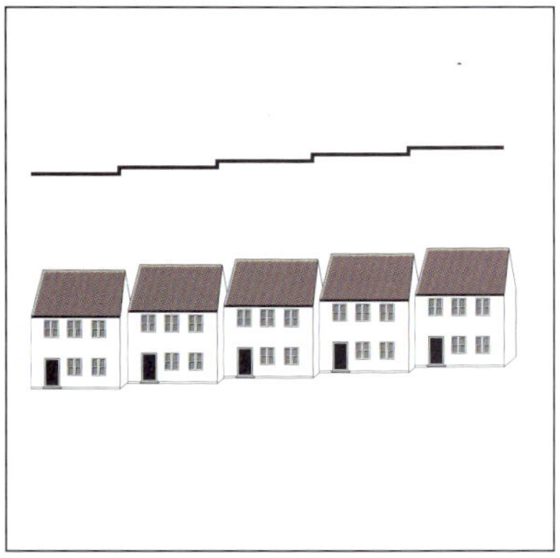

Bild 4

2. Gestaltungsbauteile

Farbige Kontraste von Bauteilen können gerade bei gleich großen Baukörpern das Zusammenführen oder Auflösen von Gestaltungsflächen unterstützen und damit das Einzelhaus individuell erscheinen lassen.

Fensterleibungen, Fensterfaschen und Fensterläden, aber auch Haustüren, Regenrinnen und Fallrohre sowie Balkone können, farbig aufeinander abgestimmt, Unterscheidungsmerkmal sein.

1. Gestaltungsflächen

Sollen gemischte Baukörper eine Gesamtgestaltung erhalten, so können, ähnlich wie bei gleichen Baukörpern, Flächen zusammengeführt oder Flächen aufgelöst werden. Neben der Analyse der einzelnen Häuser sollten die folgenden Aspekte berücksichtigt werden:

→ Wechselbeziehungen zwischen den einzelnen Baukörpern beachten,
z. B. Neubau zwischen Altbauten, Mehrfamilienhaus zwischen Einfamilienhäusern oder umgekehrt,

→ Architektur- und Stilmerkmale nicht herabsetzen,
z. B. Gliederungselemente wie Gesimse, Pilaster oder Stuckornamente nicht im Fassadenton streichen,

→ Sonnenstand und damit Schattenwürfe berücksichtigen,
z. B. können Farbverhüllungen zu Farbtonverschiebungen führen.

Historisch gewachsene Orts- oder Stadtkerne spiegeln die Baukultur über Jahrhunderte wider. Hier hat sich eine Vielzahl von Baustilen in unmittelbarer Nachbarschaft entwickelt. Diese gemischte Aneinanderreihung von unterschiedlichen Baukörpern erfordert eine besonders sorgfältige Analyse der Gestaltungsobjekte (siehe Seite 50) sowie der Fluchtlinie (siehe Seite 58). Dabei steht aber in der Gestaltung das Einzelgebäude mit seiner Eigenart im Vordergrund. Nur Straßenzüge gleicher Epochen lassen sich als Gestaltungsflächen zusammenführen.

Bild 1

Die farbige Gestaltung und die Gliederung der Fassaden historischer Gebäude muss sich an die geschichtliche Überlieferung halten (Bilder 2 bis 4).

Bild 2

Bild 3

Bild 4

Jede baugeschichtliche Epoche hatte ihre eigene Farbigkeit. Erzbischöfliche Bauämter und die Denkmalpflege haben Farbtöne für jede Epoche aus allen vorhandenen Farbtonkarten zusammengesetzt.

Beispiele:

Romanik ca. 1000–1250

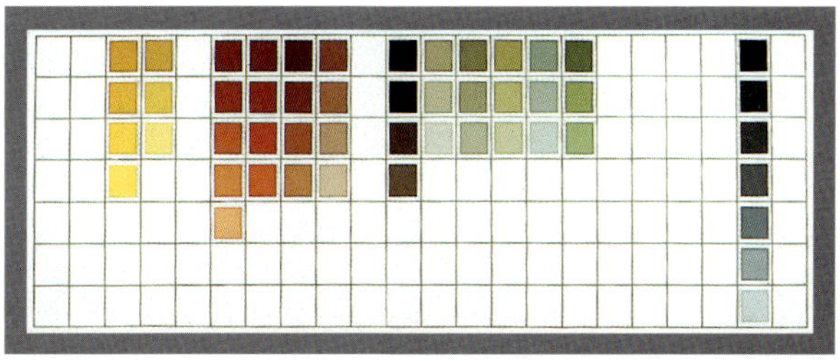

Bild 1: Rathaus, Gelnhausen.

Gotik ca. 1150–1500

Bild 2: Rathaus, Münster.

Renaissance ca. 1400–1600

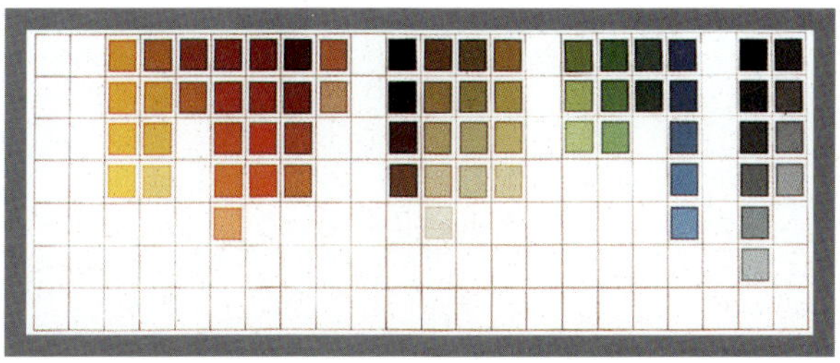

Bild 3: Zeughaus, Augsburg.

Barock ca. 1600–1770

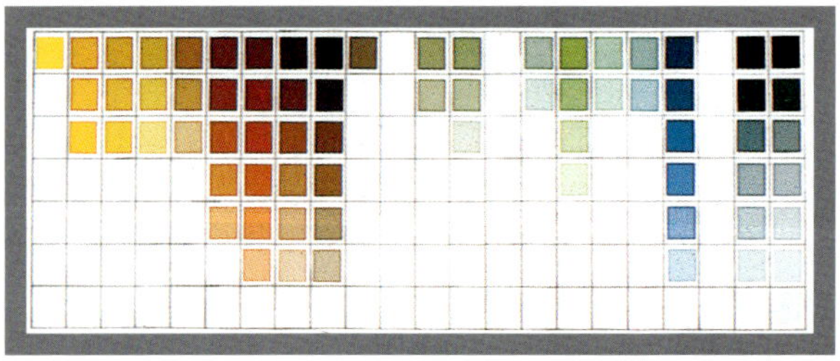

Bild 1: Buddenbrook-Haus, Lübeck.

1

Rokoko ca. 1700–1770

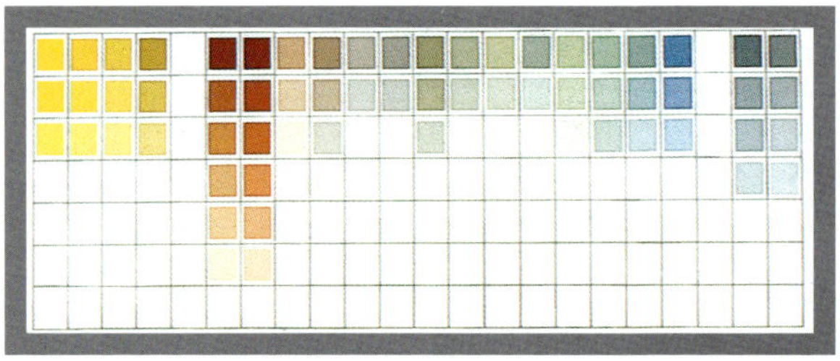

Bild 2: Kernsches Haus, Wasserburg am Inn.

2

Klassizismus ca. 1770–1830

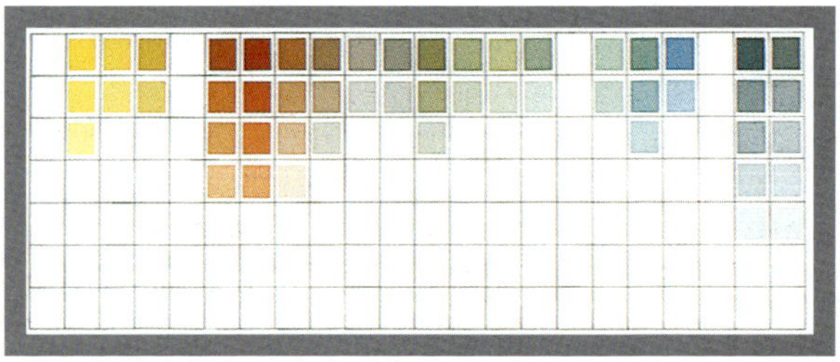

Bild 3: Italienisches Modell für Einfamilienhaus.

3

Historismus ca. 1820–1920

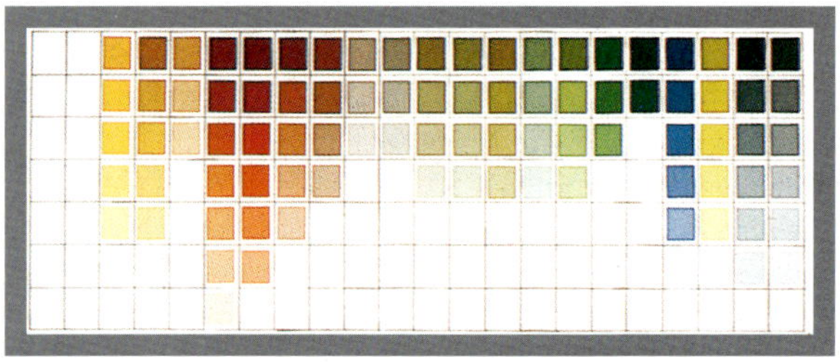

Bild 4: Einfamilienhaus.

4

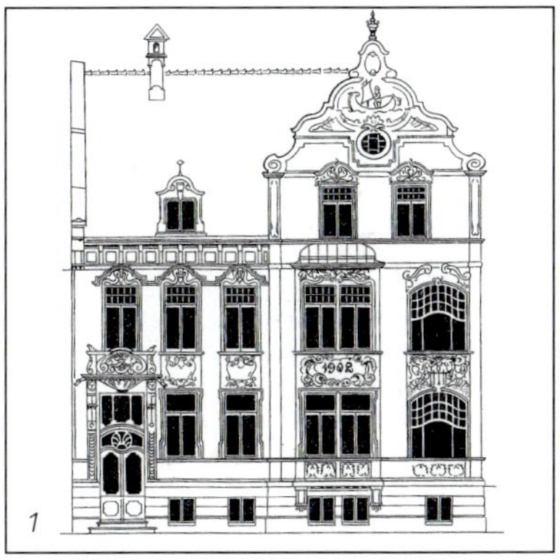

Jugendstil ca. 1890–1910

*Bild 1:
Bürgerhaus,
Gütersloh/Westfalen.*

Moderne

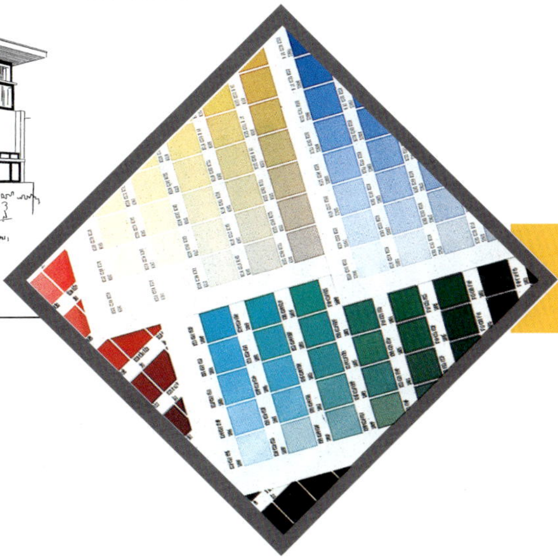

*Bild 2:
Schröder-Schräder-Haus, Utrecht.*

Malerarbeiten sind an historischen Gebäuden nur in Zusammenarbeit mit der Denkmalpflege durchzuführen. Sie erfordern ein hohes Maß an Kenntnis über die jeweilige Epochen, Materialien und Farbtöne (Bilder 3 und 4).

Bild 3

Bild 4

2. Gestaltungsvarianten

Werden Baulücken in historischen Ortskernen geschlossen, so sind sie nicht nur in ihrer Architektur, sondern auch in ihrer Farbgebung den historischen Nachbargebäuden anzupassen.

Baustrukturanalyse

Wir Europäer leben in einer Kulturlandschaft, d. h., die Landschaft, unsere Umgebung, unser ganzer Lebensraum ist, so wie wir ihn heute vorfinden, vom Menschen beeinflusst.

Der Lebensraum von Mensch, Tier und Pflanze ist begrenzt. Landschaft wird daher bis ins Detail von Menschen verplant. Den bebauten Lebensraum des Menschen bilden Einzelgebäude, Gebäudegruppen, Straßen und Plätze. Hier Veränderungen vorzunehmen oder neue Baugebiete zu schaffen unterliegt strengen Planungsvorgaben. Diese Planungsvorgaben gehen bis in die farbliche Gestaltungsmöglichkeit von Gebäuden.

Besonders bei der Neugestaltung eines altstädtischen Raumes, in dem neue Baukörper eingefügt sind, reicht die Analyse der einzelnen Häuser nicht aus (siehe Seite 50 f.). Vielmehr muss eine **Baustrukturanalyse** den Nachweis für positive oder negative, integrative oder demonstrative Einfügungen von Neubauten in das alte Ortsbild erbringen. Diese Art der Analyse umfasst detaillierte Aussagen über

→ **Maßstab**
des einzelnen Gebäudes sowie dessen Erscheinungsbild im Straßenzug; so werden z. B. zu hohe oder zu breite Neubauten zu Fremdkörpern neben feingliedriger alter Bausubstanz. Eine angepasste Farbgliederung kann die Wirkungsweise herabsetzen.

→ **Struktur**
der Baukörper in ihrer Formausrichtung oder Formtendenz. Haben z. B. alle Altbauten vertikal betonte Bauformen (Traufenhäuser), so kann ein neu eingefügtes Giebelhaus farbig hervorgehoben werden. Zudem sollen vorhandene Gestaltungsmerkmale alter Baukörper nicht bedenkenlos übernommen werden, sondern behutsam in den neuen Baukörper integriert werden.

→ **Material und Farbe**
der vorhandenen Bauten in Bezug auf Oberflächenstruktur, auf ihre chemischen und physikalischen Eigenschaften sowie auf ihre psychologische Wirkungsweise. Heute existieren viele Materialarten mit vielen Einsatzmöglichkeiten am Bau. Die Gefahr besteht, die Homogenität eines Altstadtensembles durch falsch eingesetztes Material oder durch falsche Farbgebung zu zerstören.

Manche Erkenntnisse, die in der Baustrukturanalyse gewonnen werden müssen, liefert der **Lageplan**. Er gibt neben der umfassenden Analyse die Rahmenbedingungen für ein konkretes Farbkonzept vor (Bilder 1 bis 3).

Der Lageplan vermittelt einen Überblick und liefert Angaben über

→ **Anordnung der Gebäude:**
– Hauptgebäudeachse ist durch den Eingangsbereich bestimmt,
– Giebel- oder Traufenseite zur Straße,

→ **Dichte und Art der Bebauung:**
– bei lockerer Bebauung entfällt die Fluchtlinie,
– bei dichter Bebauung tritt die Fluchtlinie in Erscheinung,
– Einzelgebäude, Anbauten und Garagen sind erkennbar,

→ **Größe der Gebäude:**
– Bungalowbebauung,
– Einfamilienhäuser,
– Reihenhäuser,
– Wohnblocks,

→ **Grundstücksgröße und nicht bebaute Flächen:**
– Abstand zum Nachbarn,
– Grün- und Gartenanlagen,

→ **Lage der Gebäude zur Umgebung:**
– Hangbebauung,
– Vorder- und Hintergrundwirkung,

→ **Lage der Gebäude zur Himmelsrichtung:**
– Hauptbelichtungsseite,
– Schattenwirkung,

→ **Umfeld der Bebauung:**
– reines Wohngebiet,
– Mischbebauung,
– Gewerbegebiet,
– Industriezone.

Beispiel:

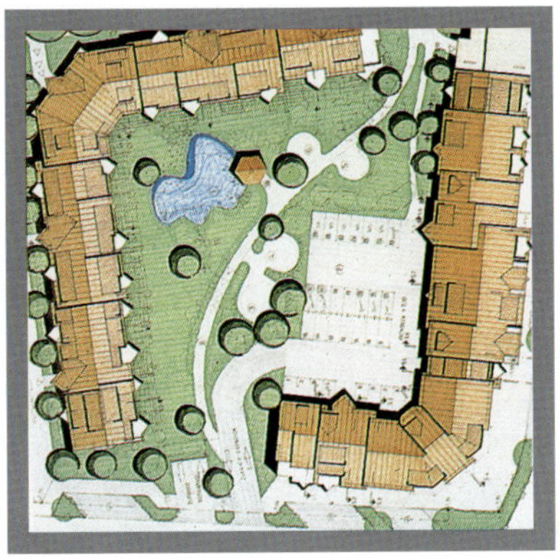

Bild 1:
Baustrukturanalyse.

Bild 2:
Lageplan mit Fassadengrundfarbtönen.

Bild 3:
Modell Bärenpark.

Zur Vorbereitung einer Farbplanung kann daher ein Lageplan gute Dienste leisten. Denn hier lassen sich die unabänderbaren und gegebenen Farbtöne proportional zu ihrem Auftreten eintragen. Aber auch die Fassadengrundtöne können im Lageplan eingetragen werden und geben so einen besseren Überblick über die Gesamtverteilung der Farbtöne. Ein harmonisches Farbabstimmen ist damit möglich (Bild 4).

Bild 4: Detailliertes Gestaltungs- und Materialkonzept.

Gestaltungspraxis

Fragen:

1. Welche Maßnahme liefert ein Gesamtbild hinsichtlich der Gestaltung eines Baukörpers?
2. Welche Faktoren gehören zur Bestandsaufnahme eines Gebäudes?
3. Was sind unabänderbare, gegebene Farbtöne eines Baukörpers?
4. Welche drei Bedingungen gehören zur Farbkonzeption eines Gebäudes?
5. Welche gestalterischen Bedingungen sind bei der Farbgestaltung eines Gebäudes zu berücksichtigen?
6. Was sind Gestaltungsgrundsätze?
7. Warum muss die Farbrichtung bei der Gestaltungsplanung eines Gebäudes beachtet werden?
8. Welche Wirkung erzielt ein geringer Hell-Dunkel-Kontrast bei der Gestaltung eines Baukörpers?
9. Welche Materialkontraste können an Baukörpern auftreten? Geben Sie mindestens drei Beispiele an.
10. Warum werden die psychologischen Bedingungen bei der Farbgestaltung eines Gebäudes beachtet?
11. Warum sind die technischen Bedingungen mit in das Farbkonzept eines Bauwerkes einzubeziehen?
12. Warum spielt der Remissionswert in der Farbgestaltung eine Rolle?
13. Warum muss die Gebäudehauptachse bei der Farbgestaltung eines Hauses berücksichtigt werden?
14. Auf welche geometrischen Grundformen lässt sich eine schwierige Gebäudeform zurückführen?
15. Wie kann eine Fassadenfläche betont werden?
16. Wie teilt der goldene Schnitt eine Fläche?
17. Wenn die Länge einer Fassade 16,175 m beträgt, welche Länge haben dann die Teilstücke nach einer Teilung nach dem goldenen Schnitt?
18. Welche Wirkung haben die Träger eines Gebäudes auf seine Gestaltung?
19. Sollen Träger und Stützen eines Baukörpers in der Gestaltung unterdrückt werden?
20. Wie kann die Einförmigkeit von Gestaltungsbauteilen durch Gestaltung verändert werden?
21. Welche Flächenwirkung erzielen Traufen- und Giebelhäuser in einer Straße?
22. Welche Bedeutung hat die Fluchtlinie gleich großer Baukörper auf ihre Gestaltung?
23. Welche Gestaltungsmöglichkeiten gleich großer Baukörper sind denkbar?
24. Wie kann bei gleich großen Baukörpern, z. B. Reihenhäusern, durch Gestaltung die Individualität unterstrichen werden?
25. Welche allgemeinen Aspekte sind bei der Gestaltung von gemischten Baukörpern zu berücksichtigen?
26. Warum sollen Architektur- und Stilmerkmale nicht im Ton der umgebenden Fassade beschichtet werden?
27. Mit welcher Behörde muss der Maler und Lackierer bei der Gestaltung von historischen Gebäuden zusammenarbeiten?
28. Wann ist eine Baustrukturanalyse durchzuführen?
29. Welche Aussagen beinhaltet die Baustrukturanalyse?
30. Warum soll eine Baustrukturanalyse durchgeführt werden?
31. Welche Angaben liefert ein Lageplan?
32. Wie kann ein Lageplan bei der Gestaltung eines Wohnviertels eingesetzt werden?

I. Bestandsaufnahme.

Führen Sie an Hand des Vordruckes auf Seite 50 eine Bestandsaufnahme einer Häuserzeile in Ihrem Ort durch.

II. Flächenformen einer Fassade.

Zeichnen Sie die geometrischen Grundformen, auf die sich die abgebildete Fassade zurückführen lässt, auf.

III. Flächenbetonung einer Fassade.

Vergrößern Sie die folgende Abbildung zweimal auf DIN A4 und nehmen Sie die angegebenen Flächenbetonungen der Fassade farbig vor:

→ vertikale Betonung,
→ horizontale Betonung.

IV. Flächenteilung nach dem goldenen Schnitt.

Konstruieren Sie ein Ornament. Teilen Sie dazu die Seiten eines Quadrates von 20 cm x 20 cm Kantenlänge jeweils einmal im Verhältnis des goldenen Schnittes. Die daraus entstehenden Rechtecke teilen Sie ebenso.

Beispiel:

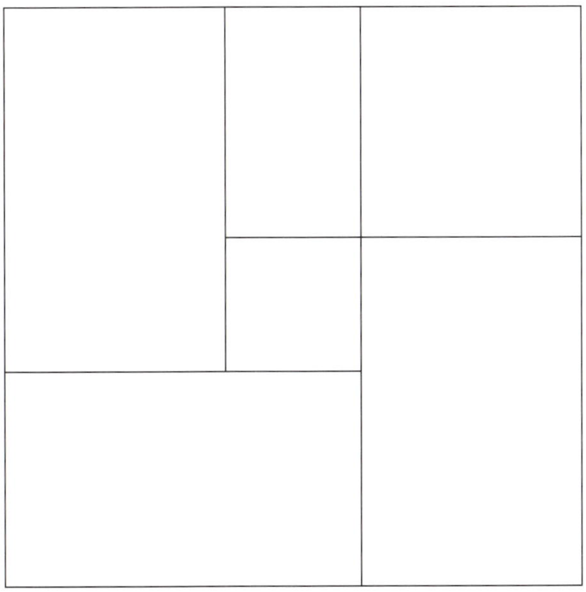

V. Das Sternfünfeck.

Das Sternfünfeck steht in allen Teilen zueinander in den Proportionen des goldenen Schnittes. Konstruieren Sie nach der Abbildung ein Fünfeck in einem Kreis mit 20 cm Durchmesser.

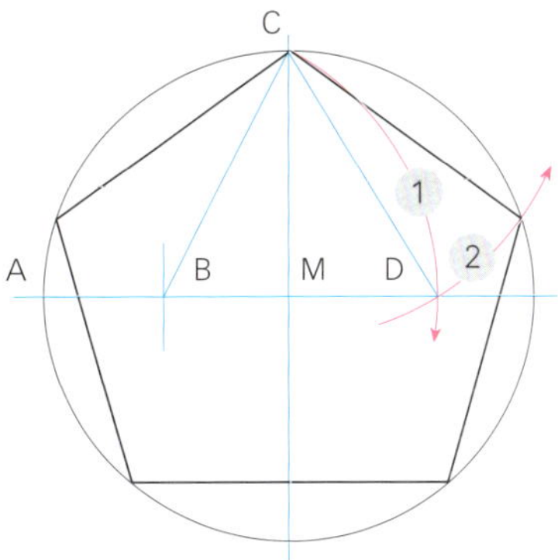

$\overline{MA} = r = 1$
$\overline{AB} = r/2 = 1/2 = \overline{BM}$
$\overline{CD} = 1/5\ U$

Verbinden Sie die fünf Ecken zu einem Stern. Im Innern des entstandenen Sterns bildet sich ein verkleinertes, kopfstehendes Fünfeck. Zeichnen Sie auch hier den Fünfeckstern. Legen sie beide Sterne kontrastreich farbig aus.

Beispiel:

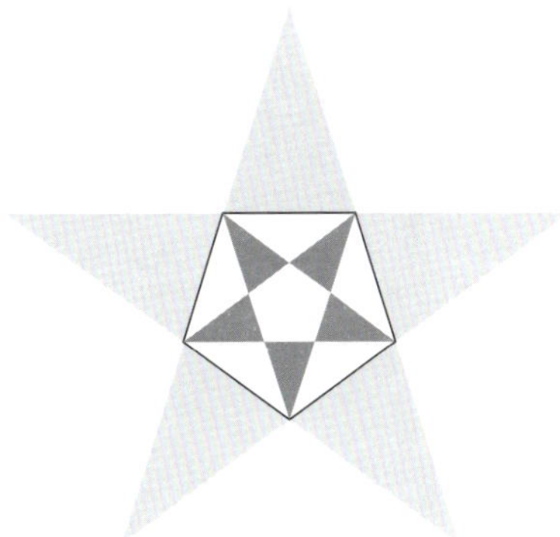

Entwickeln Sie weitere Sternornamente.

Beispiel:

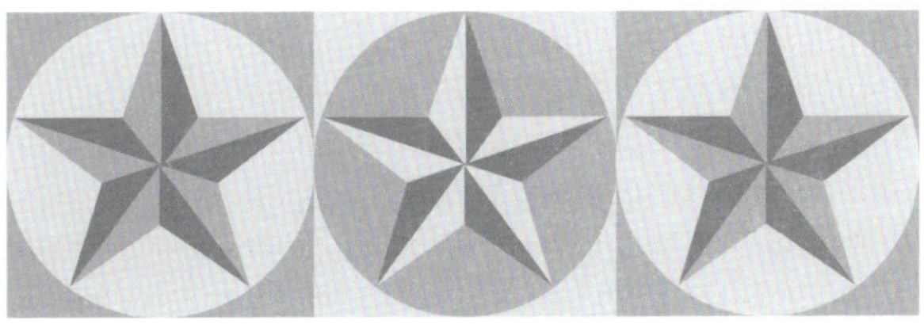

VI. Gestaltungsbauteil Tür.

Eine Reihenhaussiedlung, gebaut um 1920, soll neu gestaltet werden. Zur individuellen Unterscheidung der Häuser soll der Eingangsbereich jeweils eine eigene, aber aufeinander abgestimmte Farbgestaltung erhalten. Vergrößern Sie dazu den abgebildeten Eingangsbereich dreimal auf DIN-A4-Karton.

→ Gestalten Sie alle drei Häuser im Fassaden-, Sockel- und Sturzfriesbereich gleich.

→ Alle Türeingangsstufen sind aus Naturstein in hellem Granit.

→ Gestalten Sie jeweils die drei Eingangsbereiche und Türen verschieden, aber harmonisch zueinander.

→ Bevor Sie die Farbgestaltung beginnen, legen Sie einen Farbplan für alle drei Häuser an, der mengenmäßig abgestuft sein soll.

Beispiel:

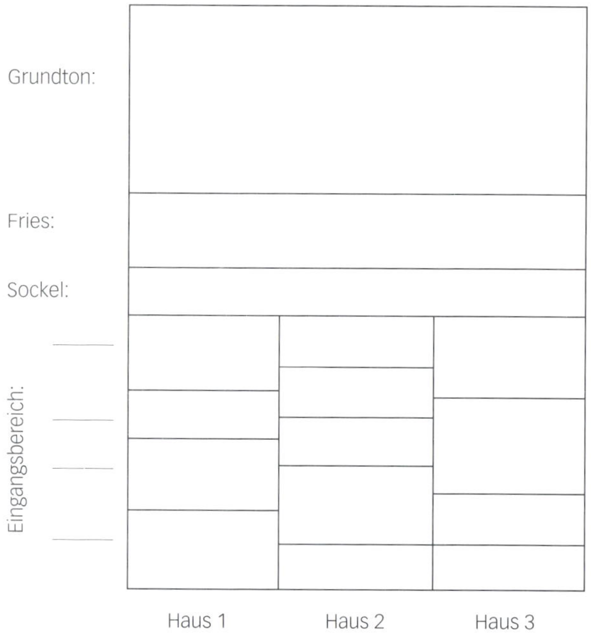

VII. Farbentwürfe für gleich große Baukörper in Collagentechnik.

Moderne Reihenhäuser sollen farblich aufeinander abgestimmt werden. Dazu sollen Entwürfe in

- → monochromen,
- → polychromen und
- → helligkeitsgleichen

Farbtönen erstellt werden.

1. Legen Sie die Umrisszeichnung der Hausreihe in den drei Farbvarianten an.
   Für den jeweiligen Entwurf bestreichen Sie je vier Kartons mit monochromen, helligkeitsgleichen und polychromen Farbtönen des jeweiligen Fassadengrundes. Zeichnen Sie jeweils auf der Rückseite der bestrichenen Kartons den Umriss der Häuser, schneiden Sie die einzelnen Umrisse aus und kleben Sie die farbigen Kartons in die Umrisszeichnung.

   Beispiel:

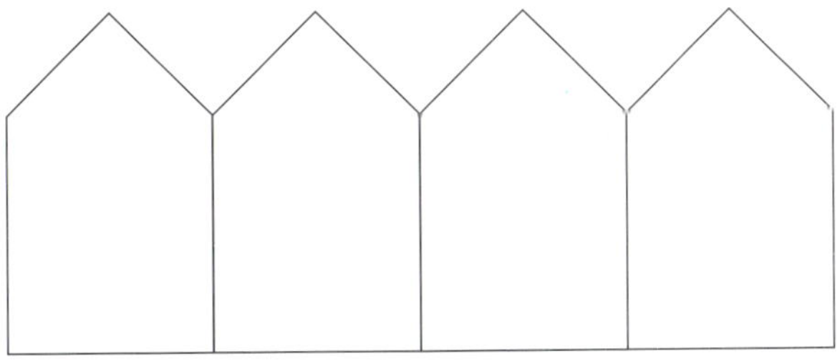

2. Fertigen Sie nun farbige Kartons für die Balkonbrüstungen jeweils passend zu den Fassadentönen und kleben Sie diese an die entsprechende Stelle auf ihre farbigen Hausreihen.
3. Zeichnen Sie Fenster und Balkontüren einmal in der richtigen Größe auf, fotokopieren Sie diese mehrmals und kleben Sie sie auf die Farbreihen.
4. Gestalten Sie nun den Sockelbereich farbig.
   Beachten Sie dabei, dass der Socke! eines Hauses immer dunkler als die Fassade gestaltet sein soll, um dem Gebäude **optische Standfestigkeit** zu verleihen.
   Legen Sie sich dazu wieder Farbstreifen an, schneiden Sie diese zu und kleben Sie sie auf die nun fertig gestellten Hausreihen.

VIII. Gestaltung historischer Bauwerke in Ausschneidetechnik.

Die abgebildete historische Hausreihe soll in Farbtönen gestaltet werden, die auf geschichtlicher Überlieferung und denkmalpflegerischen Erkenntnissen beruhen (siehe Seite 61 ff.).

Kopieren oder zeichnen Sie die Vorlage möglichst vollflächig auf DIN-A3-Papier und kleben Sie die Vergrößerung mit Dispersionskleber auf festen Karton.
Die Häuser stammen aus der Zeit des Historismus.

Damit eine saubere Gestaltung entsteht, soll der Entwurf im **Ausschneideverfahren** angelegt werden.

1. Die aufgezogene Vorlage wird ganz mit schwachklebender, durchscheinender Folie überzogen. Dabei sind Faltenbildungen möglichst zu vermeiden.
2. Die einzelnen Umrisse der Häuser und der Fenster werden mit einem Folienmesser oder Cuttermesser ausgeschnitten. Hierbei darf nur die Folie durchschnitten werden.
3. Nun wird die Folie der ersten Fassade entfernt, die Fenster dieser Fassade bleiben abgedeckt.
4. Tragen Sie nun den entsprechenden Farbton für die Fassade auf. Dabei können Sie die Fassadenfarbe wie folgt anlegen:

   Deckend, d. h., der Untergrund ist nicht durchscheinend, wird der Beschichtungsstoff mit einem weichen Flachpinsel streifenfrei aufgestrichen. Die Fassade wirkt im Entwurf flächig.

   Lasierend oder transparent wirkt ein Farbton, wenn der Untergrund durchscheint. Der Beschichtungsstoff wird stark verdünnt mit einem breiten Plattpinsel streifenfrei aufgetragen. Fenster können so in einem dunklen Grau gestaltet werden.

   Granierend gestaltete Flächen eignen sich besonders für die Gestaltung von Fassaden, weil eine Putzstruktur zu erkennen ist.
   Mit einem groben Borsten-Flachpinsel wird die Fläche in einem hellen Farbton deckend angelegt. Die trockene Fläche wird entweder mit einem dunkleren, kälteren oder wärmeren Farbton übergraniert. Der grobe Borstenpinsel wird mit möglichst „trockenem", also mit unverdünntem Beschichtungsstoff in kurzen Strichen über die Fläche geführt, wobei die Strichrichtung immer wechseln sollte, damit kein Muster entsteht.

   Tupfen mit einem Naturschwamm erzeugt ebenfalls den Eindruck einer Putzstruktur.
   Auch hier wird erst ein Grundton deckend und streifenfrei aufgetragen. Ein Naturschwamm wird in leicht verdünnten Beschichtungsstoff getaucht. Damit wird die getrocknete Fläche gleichmäßig betupft. Auch hier sollen hellere auf dunklere oder kältere auf wärmere Farbtöne gewählt werden.

5. So wird Fassade für Fassade verfahren. Dabei sind die einzelnen Fassadenflächen entweder zu beschneiden oder sie werden nach Trocknung des Beschichtungsstoffes in den aneinander stoßenden Bereichen erneut abgeklebt.
6. Sind alle Fassaden gestaltet, werden die Fensterflächen und die Restfolie entfernt. Die gesamte Fläche ist mit neuer Folie zu bedecken. Dies sollte aber nur nach vollständiger Durchtrocknung des Farbauftrags geschehen.
7. Jetzt werden die Gestaltungselemente der Gebäude, z. B. Sockel, Gesims, Faschen oder Erker, ausgeschnitten und ausgehoben. Sollen die Fensterflächen im Entwurf dunkel lasiert werden, müssen sie ebenfalls ausgeschnitten werden. Die Fenster kann man später aber auch mit einem weichen Bleistift schraffieren und die Schraffur mit einem Finger verreiben. Dadurch wirken sie nicht ganz so flächig. In diesem Fall erübrigt sich das Ausschneiden.
8. Die Gestaltungselemente und gegebenenfalls die Fenster werden farbig gestaltet.
9. Das Dach des rechten Hauses wird ausgeschnitten, die Folie entfernt und die Fläche wird farbig angelegt. Begrenzungsflächen, z. B. zum Erker, sind vorher abzukleben. Ist der Farbauftrag getrocknet, kann die Folie vollständig entfernt werden. Der Entwurf ist fertig.

IX. Präsentation einer neuzeitlichen Fassade.

Die im Maßstab M 1 : 200 abgebildete Fassade ist bisher unbeschichtet und soll renoviert werden. Dazu soll ein Farbentwurf im Maßstab M 1 : 35 präsentiert werden.

Die Farbgestaltung soll den Ortsverhältnissen angepasst werden. Die Nachbarbebauung in ähnlichen Größenverhältnissen ist links in hellen Grün- und rechts in hellen Gelbtönen gestaltet worden. Die Häuser gegenüber tragen eine Altbeschichtung in Weiß oder nicht beschichtetem Putz.

Objektbeschreibung:

- → Der Untergrund besteht aus einem alten, nur teilweise tragfähigen Kalkzementputz der MG P II nach DIN 18 550. Er weist Risse auf und ist schwach saugend.
- → Der bereits zum Kellergeschoss gehörende Sockelbereich besitzt einen Verputz mit reinem Zementmörtel der MG P III nach DIN 18 550. Dieser Putz hat keine Risse, ist schwach saugend und die Oberfläche ist glatt verfilzt.
- → Die Leibungen aller Fensteröffnungen sowie zusätzliche umlaufende ca. 5 cm breite Faschen sind wie der Sockelbereich verfilzt.
- → Alle Fenster sind aus Fichtenholz, deren Beschichtung erneuert werden muss.
- → Die Tür hat einen unbehandelten Aluminiumrahmen mit Drahtglas-Verglasung.
- → Das Dach ist mit Betonziegeln, Farbton anthrazit, gedeckt. Die Dachgauben sind mit Naturschieferplatten verkleidet und müssen daher nicht beschichtet werden.

X. Farbplan für eine Waldsiedlung.

Am Rande einer Stadt ist für die Besiedlung im Lärchen- und Fichtenweg eine Gesamtfarbplanung zu entwerfen. ▶

Weil die Hauseigentümer nicht alle denselben Malerbetrieb beauftragen werden, sind die Farbtöne in der Entwurfsplanung wegen der Reproduzierbarkeit mit NCS-Nummern anzugeben. Auch die unabänderbaren, gegebenen Farbtöne und die farbig zu gestaltenden Bauteile und Flächen der Gebäude sind durch NCS-Nummern anzugeben.

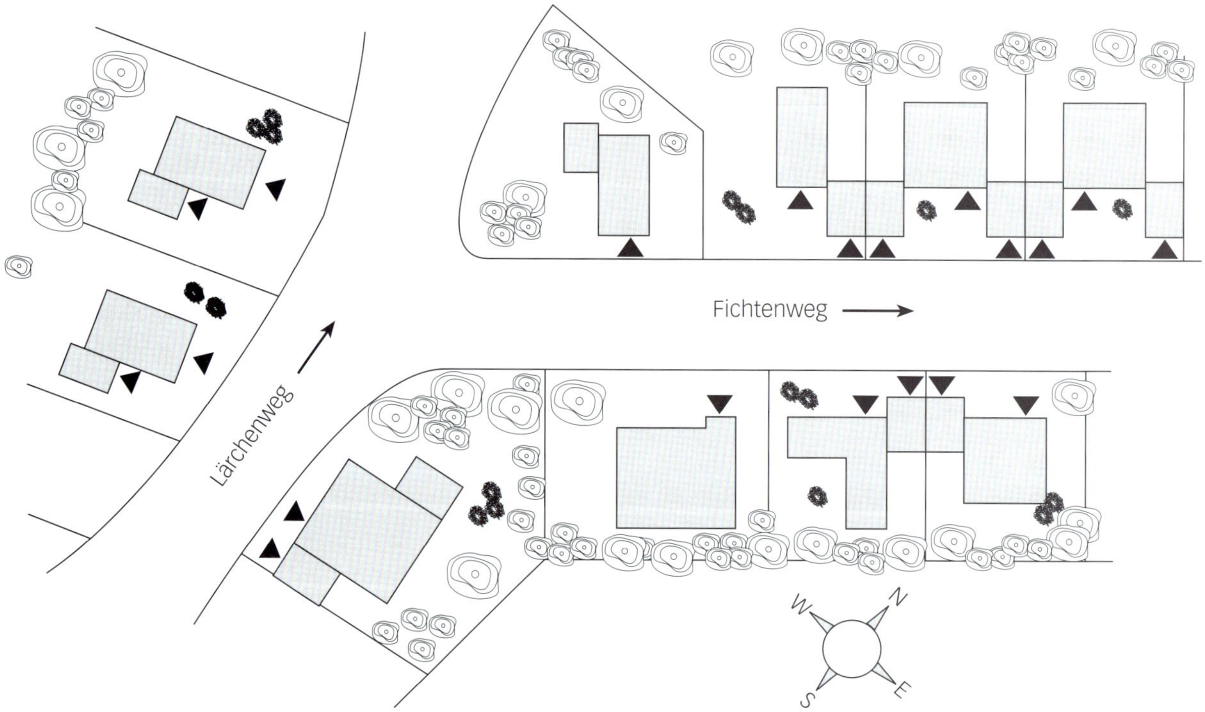

Das natürliche Farbsystem (NCS = Natural Color System) ist ein Farbordnungssystem mit vier Grundfarben sowie Schwarz und Weiß. Es eignet sich besonders für Farbmischmaschinen, die digital gesteuert werden. Durch NCS können Farbtöne jederzeit eindeutig bestimmt werden.

Ein Farbton, z. B. 4020-R10B, setzt sich dabei wie folgt zusammen:

→ Schwarzanteil (Schwarzheit *S*)
des Farbtones ist die erste Zahl, hier 40. Sie besagt, dass der Farbton 40 % Schwarz und 60 % Weißanteil (Weißheit *W*) enthält (Bild 1).

→ Buntheit *C*
ist die zweite Zahl und gibt im farbtongleichen Dreieck die Sättigung des Farbtons in der dunkelklaren Reihe an, hier 20 % des Bunttones (Basiston) (Bild 2).
Dabei gilt immer die Formel:
$S + C = 100\,\% - W$.
Schwarzanteil *S* und Buntheit *C* zusammen ergeben die Nuance (4020).

→ Buntton φ
ermittelt sich aus der Platzierung des Farbtones im Farbkreis. Der Farbkreis definiert neben den vier Primärfarben Gelb (Y), Rot (R), Blau (B) und Grün (G) 36 Basistöne im Uhrzeigersinn (je Kreisviertel neun). Der erste Buchstabe bestimmt das Farbkreisviertel, hier R = Rot nach Blau. Die Kennzeichnung 10B besagt, dass dem Rot 10 % Blau hinzugefügt wurde (Bild 3), analog zur Bestimmung der Schwarzheit *S*.

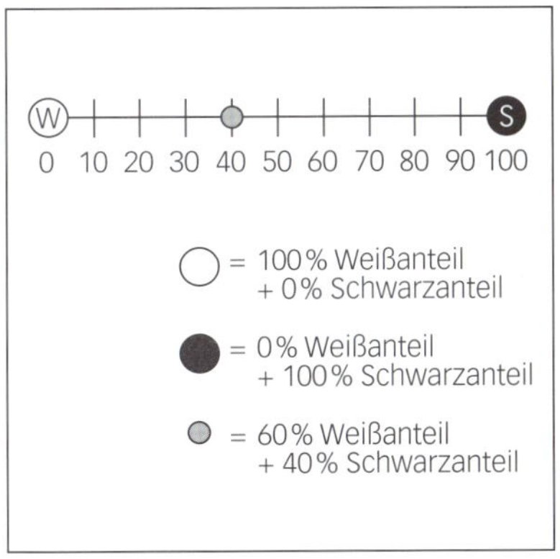

Bild 1: Schwarzheit (S).

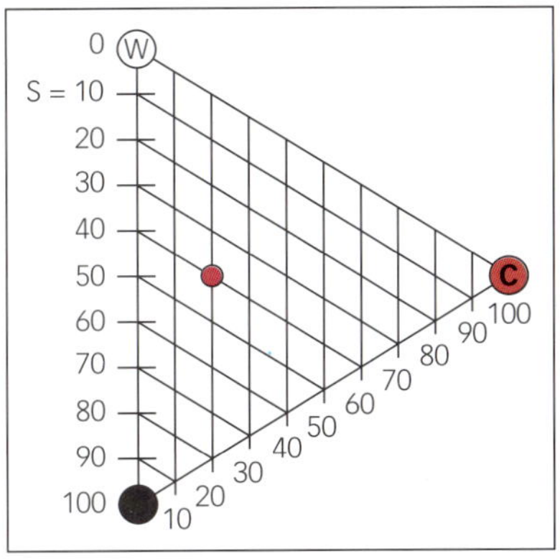

Bild 2: Buntheit (B).

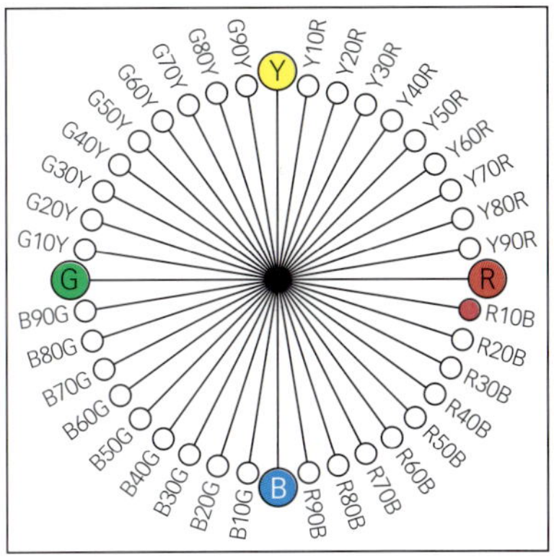

Bild 3: Buntton (φ).

Folgende unabänderbare Farbtöne sind gegeben:

→ Dachziegel: 4040-Y60R
→ Granitstein-Stufen im Eingangsbereich, überwiegender Farbton: 7005-G20Y

Besorgen Sie sich Farbtonkarten für Fassadenfarben, Lacke und Dispersionslacke mit NCS-Kodierungen um die folgende Entwurfsarbeit auszuführen:

1. Fotokopieren Sie den Lageplan auf DIN-A3-Größe und kleben Sie ihn mit Dispersionskleber auf Karton.
2. Färben Sie
   - die Straßenzüge dunkel anthrazit, z. B. 8000-R80B,
   - die Grundstücke hellgrün, z. B. 2020-G70Y,
   - die Bepflanzung dunkelgrün, z. B. 6030-G30Y,

   jeweils lasierend.
3. Legen Sie eine Farbrichtung und damit das Viertel im NCS-Farbkreis, z. B. Gelb nach Rot oder Grün nach Gelb, für die ganze Siedlung fest.
4. Übermalen oder überkleben Sie die bebauten Flächen in entsprechenden Farbtönen als Dominante des einzelnen Hauses, z. B. unterschiedliche Gelbtöne, und geben Sie die NCS-Nummer an.
5. Legen Sie Farbstreifen für entsprechende Subdominanten und Akzente, z. B. für Türen, Fensterrahmen o. Ä., mit ihren Farbnummern an und kleben Sie diese auf die Farbfläche der einzelnen Häuser.

Beispiel:

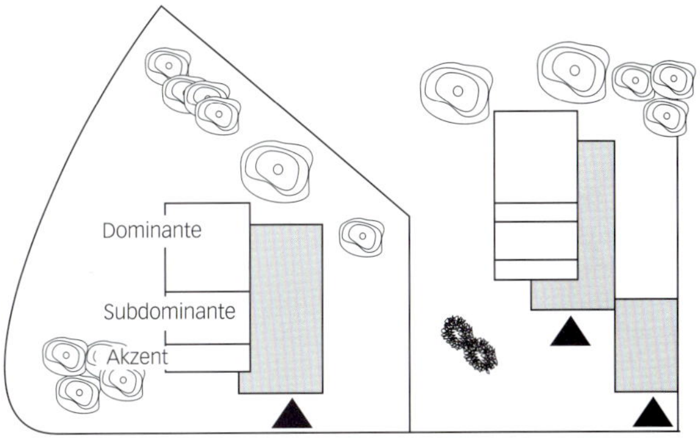

Raum

1. Analyse

Ein elementares Bedürfnis des Menschen ist seit jeher sich in einen schützenden Raum zurückzuziehen, in dem er sich geborgen fühlt. In Räumen verbringt der moderne Mensch die meiste Zeit seines Lebens. Daher zeigt sich auch die Individualität, also die Einzigartigkeit der Persönlichkeit eines Menschen, in der Gestaltung und Ausstattung seiner Wohn- und Arbeitsräume. ▶ Auch bei der Raumgestaltung ist eine systematische Vorgehensweise ähnlich wie bei Baukörpern (siehe Seite 50 ff.) sinnvoll, um möglichst viele Einflussfaktoren vom Raum selbst bis hin zu seinen Bewohnern zu ermitteln. Eine Analyse liefert auch hier ein Gesamtbild und führt zu einer sicheren Raumgestaltung.

Bild 1

Bild 2

Bild 3

Die **Bestandsaufnahme** schafft die Grundlage für die Gestaltung eines Innenraumes (siehe Seite 78).
Zu berücksichtigen sind:

1. Vorgegebene Faktoren des Raumes.

- → Die **Funktion**, die ein Raum erfüllen soll, ist von entscheidender Bedeutung für seine Gestaltung. Die Gestaltung soll diese Funktionen – z. B. Wohnen, Arbeiten, Verkaufen – unterstützen.
- → Die **Art** eines Raumes gibt Hinweise auf seine Nutzung oder auf seinen Zweck. Ein Wohnraum ist anders zu gestalten als ein Schlaf-, Arbeits- oder Kinderzimmer.
- → Die **Lage** eines Raumes innerhalb eines Hauses oder einer Wohnung kann ausschlaggebend sein für die zu verwendenden Materialien. So sollten z. B. Räume zur Straßenseite mit schallabsorbierenden Materialien ausgestattet werden. Sie bestimmt auch die natürlichen Lichtverhältnisse des zu gestaltenden Raumes. Diese sind abhängig von der Himmelsrichtung und werden beeinflusst von Fenstergröße, Stockwerk, Straßen- oder Gartenlage.
- → Die **Gliederung** des Raumes wird bestimmt durch seine Begrenzungsflächen: Decke, Wände und Fußboden. Die Anordnung dieser Flächen ergibt einen quadratischen, rechteckigen oder verwinkelten Raum. In Dachwohnungen können Decke und Wände schräg verlaufen. Erker, Pfeiler oder Unterzüge gliedern einen Raum. Diese Raumgliederung kann durch Gestaltung visuell beeinflusst werden.
- → Das **Licht** in einem Raum beeinflusst seine farbige Wirkung. Der natürliche Lichteinfall ist in der Gestaltungsplanung eines Raumes ebenso zu berücksichtigen wie die Art der künstlichen Beleuchtung (siehe Seite 86).
- → Die **Stilrichtung** in der Ausstattung eines Raumes kann der Gestaltung enge Grenzen setzen. Ist die Ausstattung einer bestimmten Stilepoche nachempfunden, so darf in Farbe und Form nicht von ihr abgewichen werden.

2. Unabänderbare, gegebene Materialien.

Unterschiedliche Materialien prägen einen Raum durch ihre Eigenfarbe und Struktur. Sind diese gegeben und unabänderbar mit dem Raum verbunden, so legen sie die Grundzüge der Gestaltung fest.

- → Farbbestimmend wirkt **Holz** in seiner unterschiedlichsten Verwendung. Sei es eine einfache Kiefernholzvertäfelung oder eine kostbare alte Tischlerarbeit aus Eiche: Sie bestimmt den Raumeindruck und ist in jedem Fall gestalterisch zu berücksichtigen. Holz wirkt immer warm und behaglich.
- → **Textilien** tragen mehr zur Wirkung eines Raumes bei, als häufig bedacht wird. Dabei ist die Flächenwirkung von Möbelstoffen, Gardinen, Teppichen oder Teppichboden zu berücksichtigen. Je größer die Fläche der Textilien und je intensiver die Farbe, desto größer ist ihre Wirkung auf den umgebenden Raum. Aber ebenso kann z. B. ein unaufdringlicher Farbton eines kostbaren Teppichs auf große Flächen wie Wände, Fußboden oder Vorhänge übertragen werden.
- → Vorherrschend in der Wirkung auf einen Raum ist **Stein**. Ob es sich um Bodenfliesen, Natursteinwände oder Ziegelmauerwerk handelt: Der Farbton spielt nur eine untergeordnete Rolle, wichtiger ist die optisch wirkungsvolle Art der Verlegung, die den Raum gliedert.

3. Farbig zu gestaltende Flächen.

Zu einem Gesamtkonzept in der Farbgestaltung eines Raumes gelangt man erst, wenn zu den gegebenen Farbtönen die Liste der zu gestaltenden Flächen kommt. Die Wirkung eines Raumes hängt stark vom Farbton der Decke, der Wände und des Fußbodens ab. Die Proportionalität der Raumwirkung kann entscheidend durch farbige Gestaltung der begrenzenden Flächen beeinflusst werden (siehe Seite 79).

Von der Raumanalyse gelangt man zu einem schlüssigen Farbkonzept, wenn die **Bedingungen** der Gestaltung berücksichtigt werden (siehe Seite 52). Auch bei der Raumgestaltung bedingen folgende Gestaltungsfaktoren wechselseitig das Farbkonzept:

- → gestalterische Voraussetzungen,
- → psychologische Voraussetzungen,
- → technische Voraussetzungen.

Zu den **gestalterischen Voraussetzungen** gehört zunächst, dass die **Gestaltungsgrundsätze** eingehalten werden. Zu berücksichtigen sind hier

→ **die Gestaltungselemente:**
– die Form des Raumes, z. B. seine geometrische Aufteilung sowie die Raumbegrenzungsflächen,
– die Farbe, die als unabänderbare Voraussetzung gegeben ist, z. B. durch Wand- oder Deckenvertäfelung, Textilien oder Steinfußboden,
– die Materialien und Werkstoffe, die in einem Raum verarbeitet wurden, z. B. Holz, Stein, Glas und Metall,
– die Oberflächenstrukturen, z. B. Wände, die mit Rauputz versehen wurden.

→ **der Gestaltungsaufbau:**
– hohe oder niedrige Ordnung, sind z. B. viele oder wenige Gestaltungselemente zu berücksichtigen,
– hohe oder geringe Komplexität, sind z. B. in Farbe und Struktur starke oder nur geringe Kontraste vorhanden,
– ausgewogenes oder verschobenes optisches Gleichgewicht, wird z. B. eine symmetrische oder asymmetrische Raumaufteilung vorgenommen.

Die **psychologischen Voraussetzungen** berücksichtigen das Farbempfinden oder die Lieblingsfarbe der Bewohner. Alter und soziale Stellung der Bewohner sind mit in die Gestaltung einzubeziehen.

Bei den **technischen Voraussetzungen** in der Raumgestaltung sind vornehmlich die einzusetzenden Materialien zu berücksichtigen. Hier ist die Verarbeitung von Tapeten oder Bodenbelag besonders hervorzuheben. Aber auch das Auftragen von Strukturputzen, Klinkern oder Naturstoffen erfordert technisches Know-how.

Bestandsaufnahme für die Farbplanung eines Raumes

Vorgegebene Faktoren des Raumes

Funktion

- ❑ Wohnen
  - ❑ erholen
  - ❑ arbeiten
  - ❑ ________
- ❑ Arbeiten
  - ❑ Büro
  - ❑ Werkstatt
  - ❑ Produktion
  - ❑ ________
- ❑ Erholung
  - ❑ Gaststätte
  - ❑ Theater
  - ❑ Kino
  - ❑ Mehrzweckraum
  - ❑ ________
- ❑ Verkauf
  - ❑ Laden
  - ❑ Supermarkt
  - ❑ Großmarkt
  - ❑ Mehrzweckraum
  - ❑ ________
- ❑ Pflege
  - ❑ Krankenhaus
  - ❑ Seniorenheim
  - ❑ Sanatorium
  - ❑ ________

Art

- ❑ Diele
- ❑ Flur
- ❑ Wohnraum
- ❑ Schlafzimmer
- ❑ Kinderzimmer
- ❑ Arbeitszimmer
- ❑ Küche
- ❑ Bad
- ❑ Aufenthaltsraum
- ❑ Speiseraum
- ❑ Mehrzweckraum
- ❑ ________

Lage

- ❑ Nord
- ❑ Ost
- ❑ Süd
- ❑ West
- ❑ ________
- ❑ Straßenseite
- ❑ Gartenseite
- ❑ Stockwerk: ________
- ❑ ________

Inneneinrichtung

- ❑ Stilmöbel
- ❑ ________
- ❑ Landhausstil
- ❑ skandinavischer Stil
- ❑ ________
- ❑ modern
- ❑ ________

Gliederung

- ❑ quadratisch
- ❑ rechteckig
- ❑ verwinkelt
- ❑ Wandschräge
- ❑ Deckenschräge
- ❑ Erker
- ❑ Nische
- ❑ ________

Licht

- ❑ natürlicher Lichteinfall
- ❑ künstlich
- ❑ ja
- ❑ nein
- ❑ Lichtart: ________

unabänderbare, gegebene Materialien des Raumes

Holz

- ❑ Buche
- ❑ Eiche
- ❑ Fichte/Tanne
- ❑ Kiefer
- ❑ Mahagoni
- ❑ Teak
- ❑ Limba
- ❑ ________
- ❑ natur
- ❑ dunkel
- ❑ hell
- ❑ Farbton: ________

Stein

- ❑ Naturstein
- ❑ Kunststein
- ❑ Fliesen
- ❑ Beton
- ❑ ________
- ❑ Farbton: ________

Textilien

- ❑ Gardinen
- ❑ Übergardinen
- ❑ ________
  - ❑ uni
  - ❑ bunt
  - ❑ natur
  - ❑ Farbton: ________
- ❑ Gewebe
- ❑ Stoffe
- ❑ ________
  - ❑ uni
  - ❑ bunt
  - ❑ natur
  - ❑ Farbton: ________
- ❑ Teppichboden
  - ❑ uni
  - ❑ bunt
  - ❑ natur
  - ❑ Farbton: ________

farbig zu gestaltende Flächen im Raum

Decke

- ❑ Fries
- ❑ Hohlkehle
- ❑ Zierleisten
- ❑ Unterzüge
- ❑ ________

Wände

- ❑ Fußleisten
- ❑ Sockel
- ❑ Fries
- ❑ Zierleisten
- ❑ Nischen
- ❑ ________

Fenster

- ❑ Rahmen
- ❑ Fensterbank
- ❑ Verdunkelung
- ❑ Gardinen
- ❑ Übergardinen
- ❑ ________

Türen

- ❑ Türblatt
- ❑ Türzarge
- ❑ ________

Fußboden

- ❑ Textil
- ❑ Kunststoff
- ❑ Fliesen
- ❑ Beton
- ❑ ________

____

- ❑ Farbton: ________
- ❑ ________
- ❑ ________
- ❑ ________
- ❑ ________

2. Farbrichtungen

Zweck oder Nutzung oder die gewünschte psychologische Wirkung können die **Farbrichtung** eines Raumes bestimmen. Erst mit Einführung eines Kontrastes durch Farbe (siehe Seite 26 ff.) oder Material (siehe Seite 42 f.) entsteht eine Spannung. Farbige Akzente, entweder als gesättigte Variation der Dominante oder im Kontrast zu ihr, sorgen für Dynamik in der Raumgestaltung. Im Farbkreis nebeneinander liegende Farben, z. B. Violett und Rot, stehen spannungsreich zueinander und werden durch helle Farbtöne unterstützt (Bild 1). Rot und die ▶ Komplementärfarbe Grün stehen harmonisch zueinander (Bild 2). Je zurückhaltender die Farben der Decken- und Wandflächen sind, umso kräftiger können die Akzentfarben ausfallen (Bild 3). Ein bewährtes Farbverhältnis ist die Aufteilung von

- → 60 % Grundton (Farbrichtung oder Dominante),
- → 30 % Kontrastton (Farb- oder Materialkontrast),
- → 10 % Akzentton (Farbkontrast, z. B. komplementär).

Beispiele:

Bild 1: Harmonie durch Farbspannung.

Bild 2: Kontrastfarbe.

Bild 3: Kräftige Akzente.

Die wechselseitigen Beziehungen zwischen gestalterischen und psychologischen Voraussetzungen und Bedingungen werden in den folgenden Farbrichtungsbeispielen verdeutlicht.

Die warme Farbe des Holzmöbels und dazu im leichten Kontrast die Naturfarbe des Sitzmöbels stehen der Grünpflanze kontrastreich gegenüber. Dazu passend ist die Farbrichtung des Raumes in hellem Sandfarbton gestaltet (Bild 1 Seite 80).

Die hellgrüne Farbrichtung des Schlafraumes wirkt entspannend und beruhigend. Das warme Holz als Kontrastton kommt vor der durchbrochenen grünen Fläche besonders gut zur Geltung (Bild 2 Seite 80). Zartes Grün im Kontrast zu braunen und rotbraunen Farbtönen wirkt leicht und beschwingt (Bild 8 Seite 80). Die grüne Farbrichtung eines Raumes kann durch Materialstrukturen herabgesetzt werden, besonders dann, wenn die Kontrastfarben Gelb und Blau mit eingesetzt werden (Bild 9 Seite 80).

Einem Raum die Farbrichtung Violett zuzuweisen ist gewagt. Wenn aber, wie in unseren Beispielen (Bilder 3 und 7 Seite 80), das Violett von blauen und weißen Farbtupfern abgeschwächt wird und Möbel und Accessoires in der Nachbarfarbe Blau nur geringen Kontrast liefern, kann diese Farbrichtung in Kombination mit dem warmen Holzton des Bodens einen Wohnbereich behaglich gestalten.

Dass Grau als Farbrichtung anders als eintönig und nichtssagend wirken kann, zeigt Bild 4 auf Seite 80. Durch das aufgetupfte Grau der Wand im Wechsel mit dem Kachelmuster und dem Stahlkontrast wirkt die Essnische vornehm und zurückhaltend.

Weil Rot so intensiv ist, wirkt es schon auf kleinen Flächen (Bild 6 Seite 80). Ein Raum in Farbrichtung Rot wirkt anregend und herausfordernd zugleich und wird nur durch die weiße Wisch- und Klebetechnik erträglich (Bild 5 Seite 80).

Brauntöne und Holzfarben wirken warm und behaglich. Man fühlt sich wohl und geborgen bei Naturmaterialien und warmen Erdfarben von hellem Sand bis Graubraun, wie es bei Erde oder verwittertem Holz vorkommt.

Weiß ist nicht farblos, es enthält alle Farben des Spektrums (siehe Seite 9) und neutralisiert damit alle anderen Farbtöne. Weil es alle Farben enthält, nimmt es leicht die Farbe seiner Umgebung auf und gibt sie abgeschwächt wieder. Bei Weiß spielt die Struktur des verwendeten Materials eine wichtige Rolle. Weiß sieht auf rauen Wänden anders aus als an glatten Möbeln, beim Teppich wieder anders als bei einer Spitzendecke. Weiß bringt zarte, ungesättigte Farben zur Wirkung. Nur wenig Farbe genügt, um einen Kontrast in eine weiße Raumgestaltung zu bringen.

1

2

3

4

5

6

7

8

9

3. Vom Baukörper zum Raum

Bei einem Baukörper wird die Oberfläche durch seine Außenflächen gebildet. Der Innenraum wird von seinen Begrenzungsflächen umschlossen. Auch Fenster- und Türflächen wirken als Teil des Raumes.

Der Mensch sieht räumlich. Selbst Linien können räumlich gesehen werden, owohl sie ihrer Natur nach zweidimensional sind.

Beispiel:

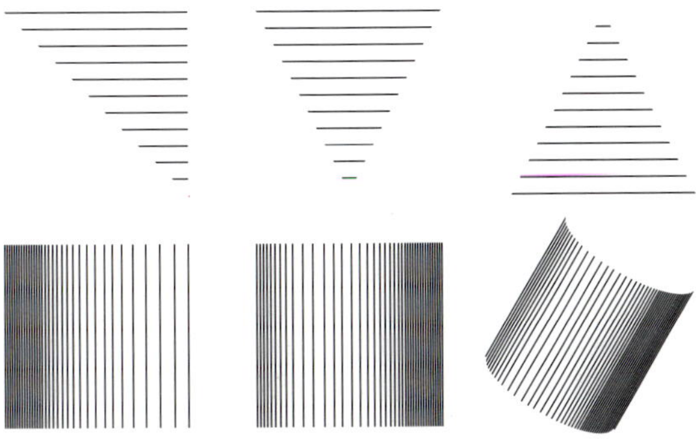

Das räumliche Sehen ist individuell, es ist abhängig von Erfahrung, Beruf und Übung des Sehenden. Zudem ist es vom menschlichen Willen abhängig, ob eine zweidimensionale Zeichnung räumlich gesehen wird oder nicht.

Beispiel:

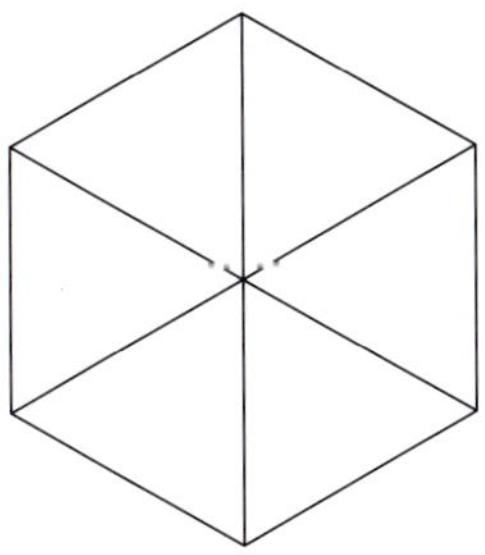

Hier kann entweder ein Sechseck oder ein Würfel in Drauf- oder Druntersicht gesehen werden.

Diese Zeichnung vermittelt einen Raumeindruck, der real nicht entstehen kann: Oberhalb der Linie sind drei Balken erkennbar, unterhalb aber nur noch zwei.

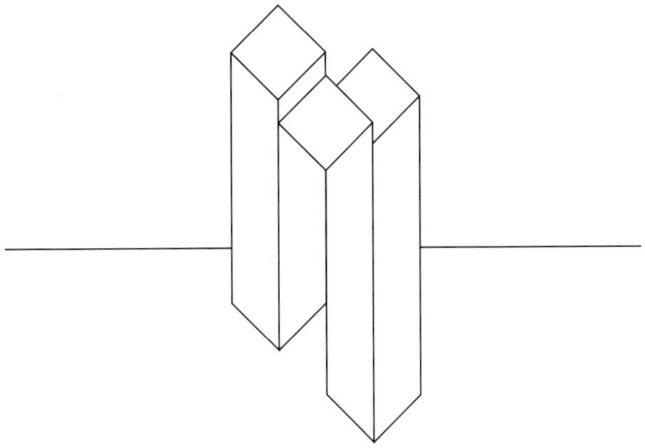

Aus der räumlichen Darstellung eines Körpers eine zweidimensionale Zeichnung zu entwickeln, ist oft Aufgabe der Gestaltungspraxis. Umgekehrt muss man beim Lesen technischer Zeichnungen aus der zweidimensionalen Zeichnung die räumliche Darstellung erfassen können (Bild Seite 82).

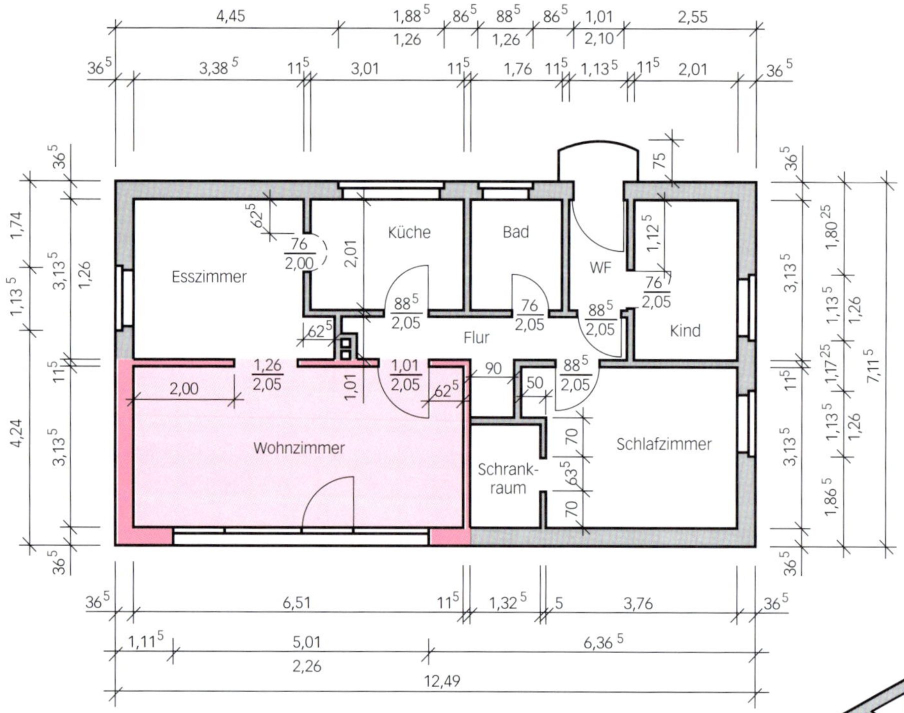

Grundriss
einer Wohnung

Raumhöhe: 2,50 m

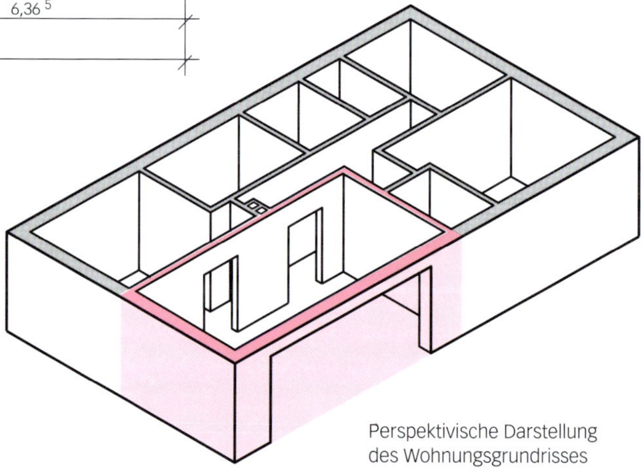

Perspektivische Darstellung
des Wohnungsgrundrisses

Raumabwicklung
Wohnzimmer

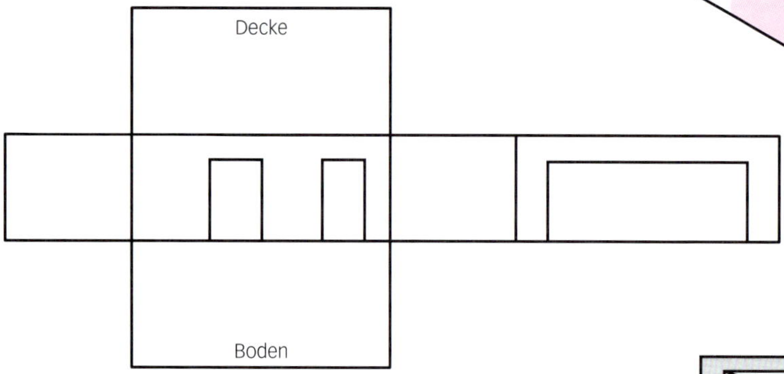

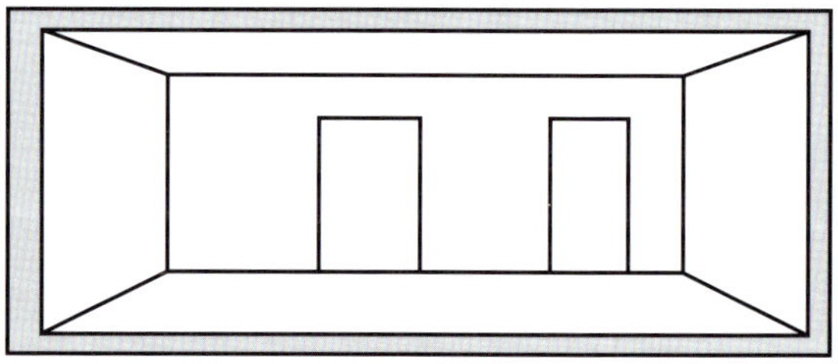

Raumperspektive
Wohnzimmer

Es bedarf einiger Übung, um ein Raumbild aus einer technischen Zeichnung lesen zu können. Bei einem Körper reichen dafür drei Ansichten: **Vorderansicht**, **Draufsicht** und **Seitenansicht** von links.

Beispiel:

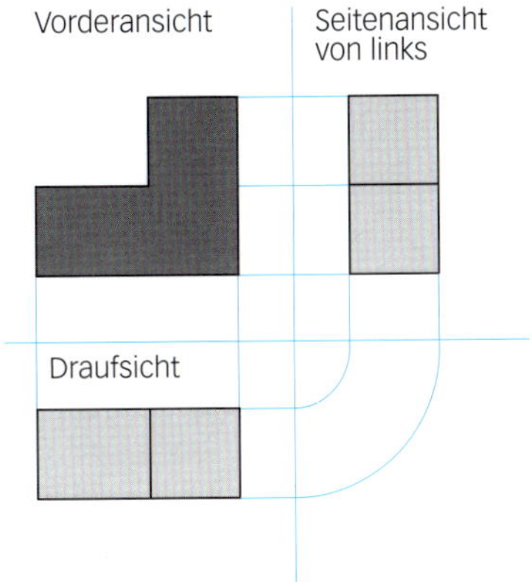

Raumbild:

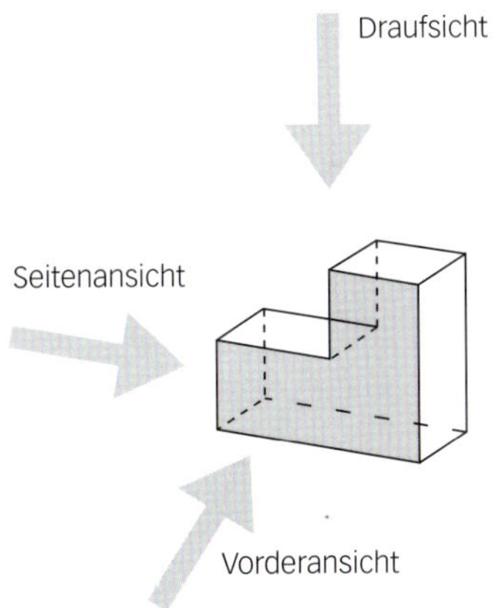

In den Ansichten werden Flächen einzeln dargestellt. Bei einer flächigen Raumdarstellung dagegen werden die einzelnen Flächenteile **abgewickelt**, der Raum wird aufgeklappt.

Durch Abwicklung kann sowohl die komplette Oberfläche eines Körpers als auch die gesamte Innenfläche eines Raumes dargestellt werden. Die Abwicklung zeigt einen Körper oder Raum in seiner zweidimensionalen Gestalt (siehe Seite 82).

Die Perspektive ermöglicht räumliches Darstellen in der Fläche. Sie gibt den Körper oder Raum in seinen drei Ausdehnungen proportional zur natürlichen Erscheinung wieder.

Eine Art der perspektivischen Darstellung ist die

→ **Parallelperspektive oder Parallelprojektion:**
- Das Objekt steht parallel zur Bildebene,
- die Projektionsstrahlen laufen parallel auf die Horizontebene,
- die Darstellung ist maßstäblich genauso groß wie das Objekt.

Beispiel:

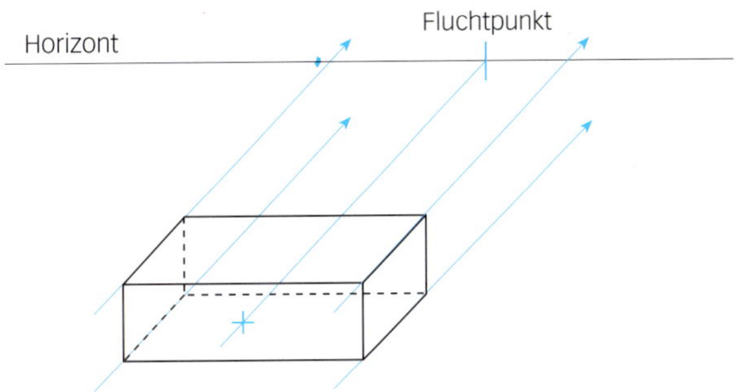

Die parallel perspektivische Projektion heißt auch Axonometrie, was soviel bedeutet wie: An den Achsen gemessen. Es gibt drei Arten der axonometrischen Darstellung:

Isometrie
Isometrie (iso, gr. = gleich) bedeutet, dass für alle drei Ausdehnungen eines Objektes die Seitenverhältnisse gleich sind. Das unterscheidende Merkmal der axonometrischen Isometrien ist der Winkel im Achsenkreuz:

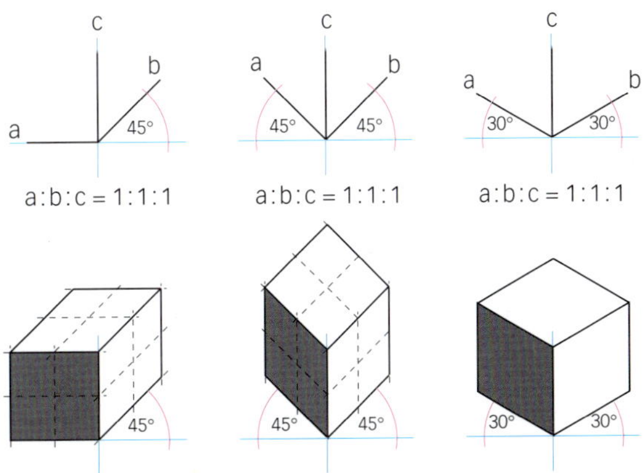

Kavaliersperspektive | Militärperspektive | Axonometrie: isometrische Projektion nach DIN 5 T1

Dimetrie
In der Dimetrie (di, gr. = zwei) werden zwei unterschiedliche Seitenverhältnisse für die Achsen benutzt. Diese Axonometrien wirken natürlicher. Es werden auch hier unterschieden:

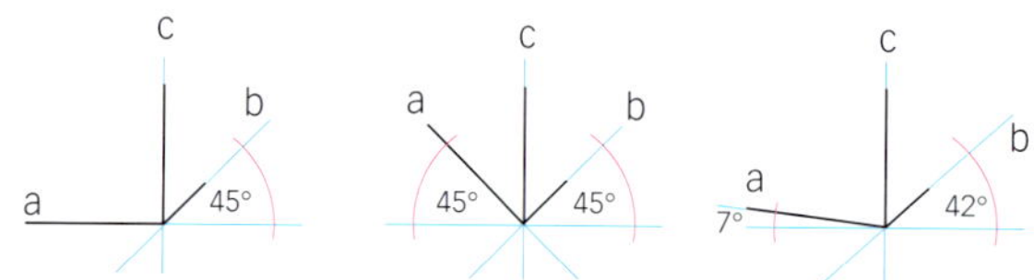

a : b : c = 1 : 0,5 : 1 | a : b : c = 1 : 0,5 : 1 | a : b : c = 1 : 0,5 : 1

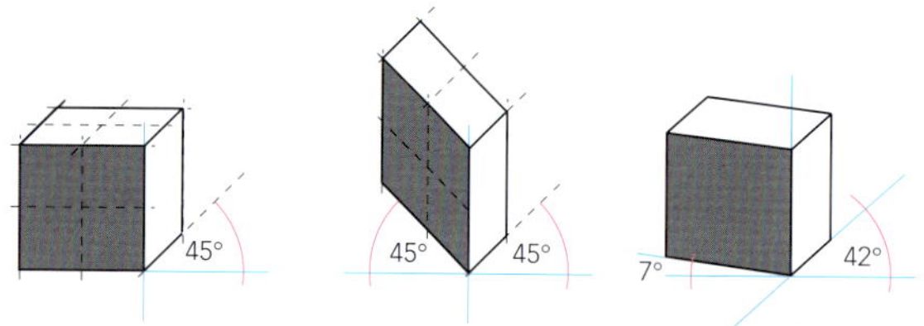

Kavaliersperspektive | Militärperspektive | Axonometrie: dimetrische Projektion nach DIN 5 T2

Trimetrie
Die Trimetrie (tri, gr. = drei) hat drei unterschiedliche Seitenverhältnisse. Keine der Darstellungen ist genormt, so dass Winkel und Verkürzungen frei wählbar sind.

Parallelprojektionen vermitteln aber nur ansatzweise eine Perspektive und keinen echten Raumeindruck. Dieser kann mit der Zentralprojektion erreicht werden.

Wenn alle vom Betrachter fortlaufenden Kanten sich zentral in einem Punkt, dem **Fluchtpunkt**, treffen, spricht man von der

→ **Zentralperspektive oder Zentralprojektion:**
  - Das Objekt steht parallel zur Bildebene,
  - die Projektionsstrahlen treffen sich in einem Punkt auf der Horizontebene,
  - die Darstellung ist maßstäblich kleiner als das Objekt.

Beispiel:

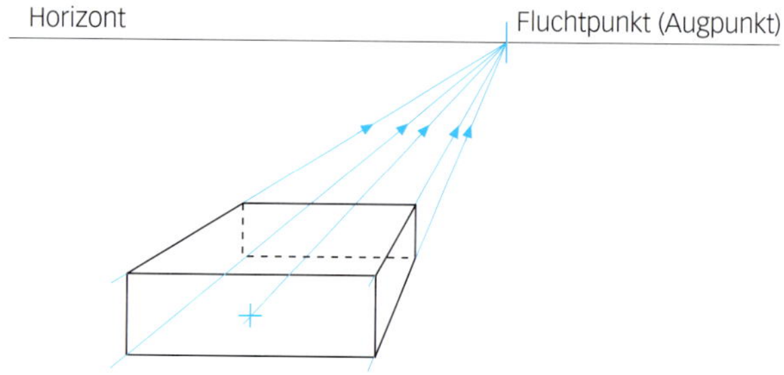

Wie beim räumlichen Sehen entsteht in der **Zentralperspektive** ein naturgetreuer Bildeindruck durch folgende Gesetzmäßigkeiten (Bild 1):

→ Senkrechte bleiben senkrecht,
→ zum Betrachter liegende Waagerechte verlaufen parallel zur unteren Bildkante,
→ alle in die Tiefe verlaufenden Geraden streben im Unendlichen auf eine Linie zu, die in Augenhöhe des Betrachters liegt, dem **Horizont (H)**,
→ alle Geraden, die vom Betrachter im gleichen Abstand in die Ferne weisen, treffen sich in einem Punkt, dem **Augpunkt (Ap)**; dieser liegt dem **Standpunkt (St)** des Betrachters gegenüber und immer auf dem Horizont,
→ das wahre Größenverhältnis besteht immer nur im unmittelbaren Vordergrund,
→ alle Strecken, Flächen oder Körper, die in die Ferne rücken, werden zum Horizont hin immer kleiner.

Bild 1

Konstruktion eines Raumes in Zentralperspektive aus einem Grundriss heraus:

Aus einem Grundriss wird maßstabsgerecht ein Aufriss mit Mauerstärken und Öffnungen gezeichnet. Standpunkt, Grundrissbildkante, Aufrissbildkante, Horizont, Sehachse und Augpunkt werden festgelegt. Die Entfernung Standpunkt – Grundrissbildkante muss mindestens der größten Querausdehnung des Raumes entsprechen (Bild 1).

Die Raumecken werden im Aufriss mit dem Augpunkt verbunden (a). Verbinden Sie dann die hinteren Raumecken im Grundriss mit dem Standpunkt (b). Schnittpunkt Raumeckenverbindung/Grundrissbildkante senkrecht über den Horizont bis zur oberen Raumeckenverbindung ziehen (c); Schnittpunkte der Senkrechten mit der Raumeckenverbindung im Aufriss ergibt die hintere Raumbegrenzung (d) (Bild 2).

Im Aufriss werden Fenster- und Türöffnungen in Breite und Höhe mit dem Augpunkt verbunden (a); Tür- und Fensterbreite sowie Wandstärken werden analog zu Bild 2 im Grundriss mit dem Standpunkt verbunden (b) und die Schnittpunkte mit der Grundrissbildkante wieder zum Aufriss gelotet (c) (Bild 3).

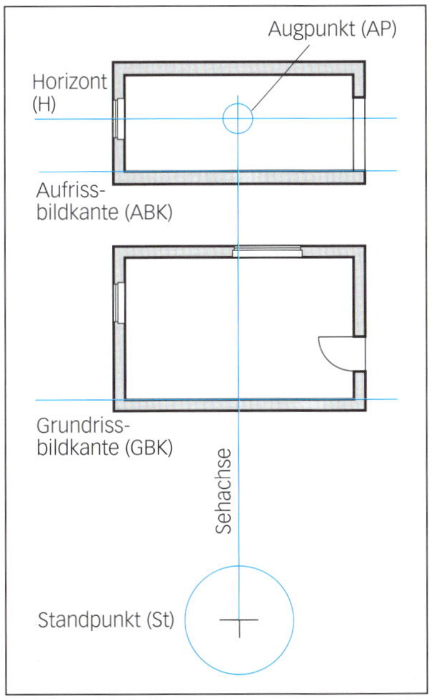

Bild 1

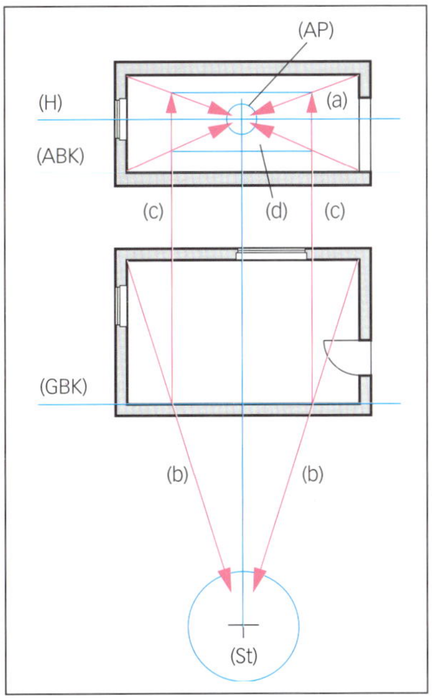

Bild 2

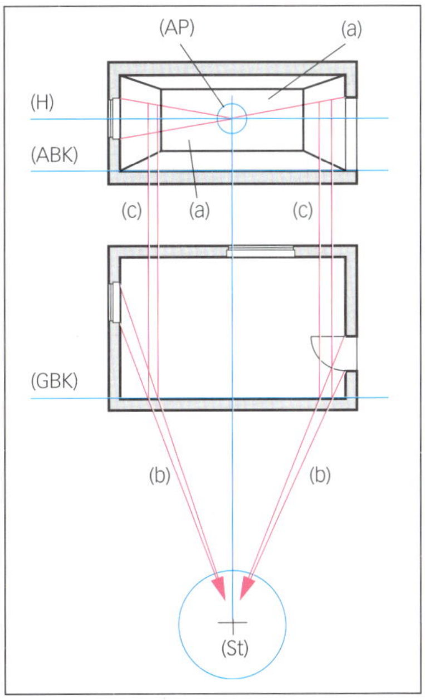

Bild 3

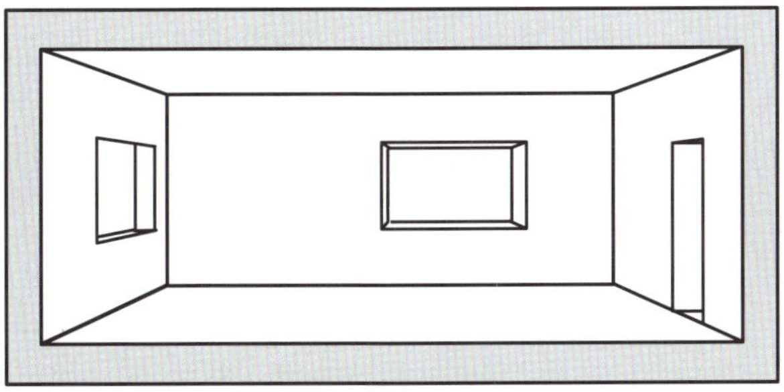

Bild 4

Wenn auf diese Weise alle perspektivisch darzustellenden Objekte in den Aufriss übernommen wurden, können die Kantenlinien verstärkt und die Projektions- und andere Hilfslinien entfernt werden. Das Raumbild ist fertig (Bild 4).

4. Raum und Licht

Ein Raum ohne Licht ist schwarz, wir können uns in ihm nicht orientieren. Tagsüber fällt natürliches Licht durch Fenster oder Türen in den Raum. Der Raum wird von der Sonne belichtet.

Wie stark diese **Belichtung** ist, hängt von der Jahres- und Tageszeit ab. An einem sonnigen Sommertag scheint die Sonne zur Mittagszeit fünfmal heller als an einem bewölkten Tag zur selben Zeit. Die Belichtung im Winter aber ist bei Sonnenschein nur halb so stark wie bei einem bewölkten Tag im Sommer. Das Verhältnis von Belichtungsfläche : Grundfläche eines Raumes sollte allgemein nicht kleiner als ca. 1 : 10 sein um eine Unterbelichtung des Raumes zu vermeiden. Die Hauptbelichtungsseite von Wohnräumen sollte in Süd- oder Süd-West-Richtung liegen, denn Sonnenlicht bedeutet nicht nur Helligkeit, sondern auch Wärme. Im Sommer wird der Wohnraum wegen der steilen Sonnenstellung gar nicht oder nur wenig beschienen (Bild 2), im Winter dagegen liegt er im vollen Sonnenlicht (Bild 3). Der Raum ist dann nicht nur hell, sondern er wird auch durch die Sonne aufgewärmt.

Bild 1: Belichtung im Frühjahr und Herbst.

Bild 2: Belichtung im Sommer.

Bild 3: Belichtung im Winter.

Die Farbgestaltung sollte sich nach den Belichtungsverhältnissen eines Raumes richten. Helle Räume mit großen Fensterflächen nach Süden können gesättigtere, dunklere Farbtöne mit Remissionswerten von ca. 20 % bis 50 % vertragen. Im Gegensatz dazu müssen für Räume, die in nördlicher Richtung mit kleineren Fensteröffnungen liegen, aufgehellte oder hellste Farbtöne mit Remissionswerten von ca. 75 % bis 90 % verwendet werden.

Wird die natürliche Belichtung eines Raumes zu schwach, dann wird künstliches Licht eingeschaltet. Der Raum wird beleuchtet. Am Arbeitsplatz dient die **Beleuchtung** der Sicherheit und der Gesundheit, im Wohnbereich kommt zusätzlich die Raumwirkung hinzu. Die Beleuchtung mit künstlichem Licht unterscheidet sich stark von natürlichem Licht. Auch kann die spektrale Verteilung künstlicher Lichtquellen sehr unterschiedlich sein (siehe Seite 13). Daher ist die künstliche Beleuchtung eines Raumes bedeutend für die Farb- und Raumwirkung. Soll die bei Tageslicht entstehende räumliche und farbliche Wirkung auch bei Kunstlicht erhalten bleiben, so muss die Beleuchtung auf beide Wirkungen abgestimmt sein.

Bild 1: Direkte Beleuchtung.

Bild 2: Indirekte Beleuchtung.

Bild 3: Kombinierte Beleuchtung.

Dabei werden aufgrund der Beleuchtungsrichtung zwei **Beleuchtungsarten** unterschieden:

→ **direkte Beleuchtung**
- Blendwirkung ist möglich,
- Schlagschatten treten auf,
- disharmonische Helligkeitsverteilung,
- Strukturen treten bei seitlicher Einstrahlung deutlich hervor,
- Raumtiefen werden weniger wahrgenommen,
- der räumliche Gesamteindruck geht verloren.

→ **indirekte Beleuchtung**
- keine Blendwirkung,
- nur schwache Schattenwirkung,
- harmonische Helligkeitsverteilung,
- Oberflächenstrukturen kaum erkennbar,
- Räumlichkeit bleibt erhalten,
- Glanzlichter gehen verloren.

In der Innenraumgestaltung werden beide Beleuchtungsarten gemischt angewendet:

Lichtverteilung	**Funktion und Wirkung**	**Zweckmäßige Kombinationen**
gleichförmig 	Licht wird z. B. von einer kugelförmigen Opalglasleuchte gleichmäßig in alle Richtungen verteilt. Bei ausreichender Anzahl und richtiger Anordnung ist die Beleuchtungsstärke im Raum gleichmäßig. Der Stimmung fehlen aber Akzente.	Mit direkten Beleuchtungskörpern kann dieses Licht raumwirksam ergänzt werden.
vorwiegend direkt 	Der größte Teil des Lichtes wird bei dieser Leuchtenart direkt in eine Richtung gelenkt. Kleine Anteile werden diffus gestreut wirksam. Eine Grundhelligkeit von Flächen und eine Aufhellung von Wänden und Decke wird erreicht.	Kombination mit indirektem Licht ist erforderlich.
direkt 	Das Licht wird von eng- bis breitstrahligen Reflektoren in eine Richtung gelenkt. Gerichtetes Licht betont Form, Farbe und Struktur.	Im Wohnbereich kann direkte Beleuchtung mit allen anderen Arten der Lichtverteilung kombiniert werden. Zwischen direkt beleuchteten Akzenten werden harmonische Übergänge mit indirektem Licht geschaffen.
vorwiegend indirekt 	Breitstrahlende Leuchten mit Lampen hoher Leistung werden auf reflektierende Wand- oder Deckenfläche gerichtet. Kleinere Anteile des Lichtes betonen die Form der Leuchte. Eine größere Raumzone wird aufgehellt. Die Beleuchtung ist schattenarm.	Zur Vermeidung monotoner Raumstimmung sind Leuchten mit direkter oder vorwiegend direkter Lichtverteilung hinzu zu fügen. So wird eine ausgewogene Schattenwirkung, die für räumliches Sehen und das Erkennen plastischer Formen erforderlich ist, erreicht.
indirekt 	Das Licht wird ausschließlich auf reflektierende Wand- oder Deckenflächen gerichtet. Die Lichtquelle liegt über Augenhöhe und ist gegen den Betrachter abgeschirmt. Flutend angestrahlte Flächen lassen einen Raum höher und weiter erscheinen. Das diffus reflektierte Licht trägt zur Grundbeleuchtung eines Raumes bei.	Allein kann diese Lichtverteilung in Fluren eingesetzt werden. In Wohn- und Schlafräumen ergänzt sie direkte und vorwiegend direkte Beleuchtung wirkungsvoll.

5. Wirkung des Raumes durch Farbe

Farben beeinflussen nicht nur die menschliche Psyche, sondern auch die architektonische Wirkung eines Raumes. Nun hängt die Raumwirkung von den Proportionen ab; Farbe kann Raumproportionen verändern. Hohe, enge Altbauzimmer werden durch eine dunkle Decke korrigiert. Z. B. werden in einer zu hohen Küche Decke und Wände bis herab zu den Oberschränken in einem dunklen, gesättigten, aber nicht kühlen Farbton gestrichen. Umgekehrt sollen Decken in Kellerräumen, die für Hobby- oder Partyzwecke genutzt werden, helle oder besser weiße Farbtöne bekommen. Das gleiche gilt für Räume mit schrägen Wänden.
Lange, schlauchartige Flure kann man mit warmen Farbtönen auf ein angenehmes Maß optisch verkürzen. Die Stirnseite wird in einem gesättigten Farbton gestrichen, die Wände in einem aufgehellten.

Die unterschiedliche Wirkung des gleichen Raumes mithilfe verschiedener Farbwirkungen zeigen die Bilder 1 bis 6.

Bild 1

Bild 2

Bild 3

Bild 4

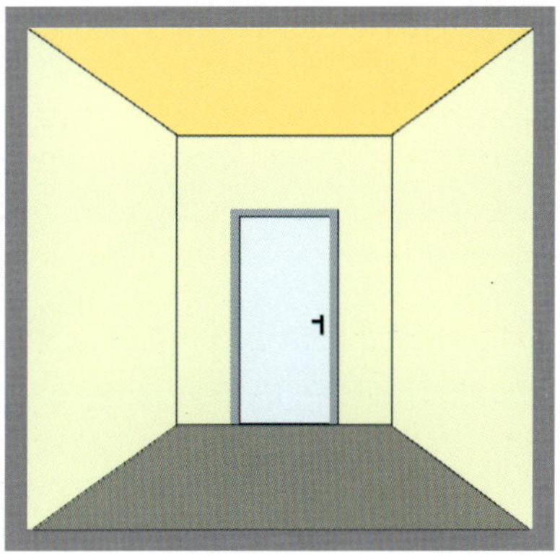

Bild 5

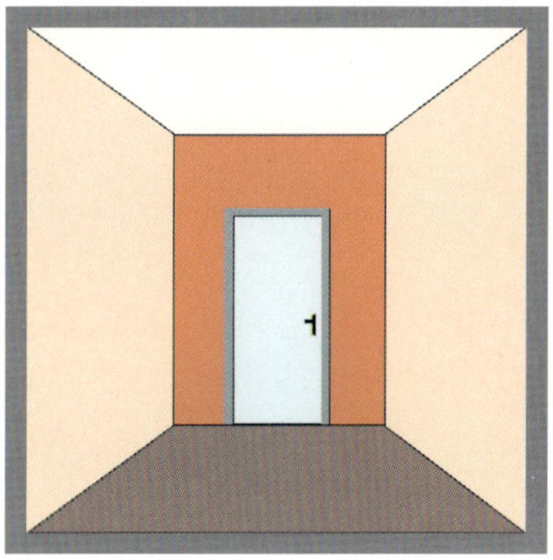

Bild 6

Nicht nur die architektonische Wirkung kann durch Farbe verändert werden. Auch die **Anmutung** eines Raumes wird durch Farbe geändert. In großen Räumen haben warme Farbtöne eine wohltuende Wirkung: Die Einrichtung gewinnt an Intimität. Menschen, die Ruhe und das Weite suchen, fühlen sich in einem blauen Raum wohl. Ein Raum kann durch Farbe aber auch sachlich oder verspielt, bunt oder farbig wirken.

Farbe hilft beim **Raumverständnis**, sie hilft orientieren, verteilt Wege, kann Übergang zu Innen und Außen sein. In einem Treppenhaus z. B. unterstützt Farbe so die Funktion dieses Raumes, kann das Raumbild aber auch korrigieren, besonders dann, wenn das Treppenhaus winkelig, verschachtelt oder sehr eng geschnitten ist. Zu breite Treppenhäuser können durch gezielte Farbplanung geschlossener wirken. Wie in einem Standardtreppenhaus die Wirkung eines Raumes durch Farbgestaltung und eingesetztes Material verändert werden kann, zeigen die Beispiele der Bilder 1 bis 6.

Bild 1

Bild 3

Bild 5

Bild 2

Bild 4

Bild 6

6. Gestaltungspraxis

Fragen:

1. Wodurch kann eine sichere Grundlage für eine Innenraumgestaltung geschaffen werden?
2. Welche vorgegebenen Faktoren eines Raumes sind bei der Gestaltung zu berücksichtigen?
3. Warum beeinflusst die Lage eines Raumes den Gestaltungsspielraum?
4. Welche unabänderbaren Materialien eines Raumes geben eine Grundlage für die Raumgestaltung?
5. Welche Gestaltungsgrundsätze sollen bei einer Raumgestaltung eingehalten werden?
6. Wodurch entsteht Spannung bei der Farbrichtung eines Raumes?
7. Welche Farbrichtung soll für einen Raum gewählt werden, der viel Holz aufweist und warm und behaglich wirken soll?
8. Durch welche Farbrichtung können kräftige, unabänderbare Farbtöne in einem Raum abgeschwächt oder neutralisiert werden?
9. Wie wird ein Raum durch seine Abwicklung dargestellt?
10. Durch welche drei Abbildungen ist ein Körper oder ein Raum eindeutig bestimmt?
11. Durch welche Darstellungsart wird ein Raum in der Fläche abgebildet?
12. Wie wird die Darstellungsart genannt, bei der alle vom Betrachter weglaufenden Kanten eines Körpers oder Raumes sich in einem Punkt treffen?
13. Um welche Darstellungsart eines Raumes handelt es sich, wenn der Raum parallel zur Bildebene steht, alle Projektionsstrahlen auf die Horizontebene parallel zulaufen und die Raumdarstellung maßstäblich genau so groß ist wie der Raum selbst?
14. Wodurch werden axonometrische Darstellungen unterschieden?
15. Welche axonometrischen Darstellungen sind genormt?
16. Wieviel Seiten werden bei der Kavaliersperspektive perspektivisch gezeichnet?
17. Wodurch unterscheidet sich eine isometrische von einer dimetrischen Darstellung?
18. Warum vermittelt die Zentralperspektive einen natürlichen räumlichen Bildeindruck?
19. Wodurch unterscheidet sich die Belichtung von der Beleuchtung eines Raumes?
20. Warum sind die Belichtungsverhältnisse eines Raumes bei der Farbgestaltung zu berücksichtigen?
21. Auf welche zwei Arten kann ein Raum beleuchtet werden?
22. Welche Beleuchtungsarten können in einem Raum zweckmäßig kombiniert werden?
23. Wie kann mit unterschiedlichen Farbtönen die Raumproportion verändert werden?
24. Durch welche Farbkombination wird ein niedriger Raum optisch höher?
25. Warum kann die Anmutung eines Raumes durch seine farbliche Gestaltung geändert werden?

I. Bestandsaufnahme.

Führen Sie anhand des Vordruckes auf Seite 78 eine Bestandsaufnahme eines Raumes in Ihrer Wohnung, Ihrer Schule oder Ihres Arbeitsraumes durch.

Geben Sie aufgrund dieser Bestandsaufnahme eine neue Farbrichtung für den Raum an und begründen Sie diese.

II. Bestimmen der Farbrichtung von Räumen.

Vergrößern Sie den abgebildeten Raum so, dass der Raum eine Breite von 24 cm auf DIN-A4-Karton bekommt.

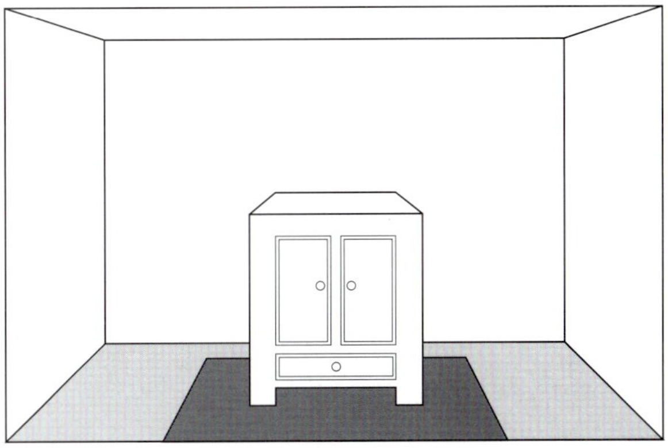

1. Zeichnen Sie nur den Raumaufriss mit einem schwarzen Folienschreiber auf eine glasklare DIN-A4-Folie nach.

Folie

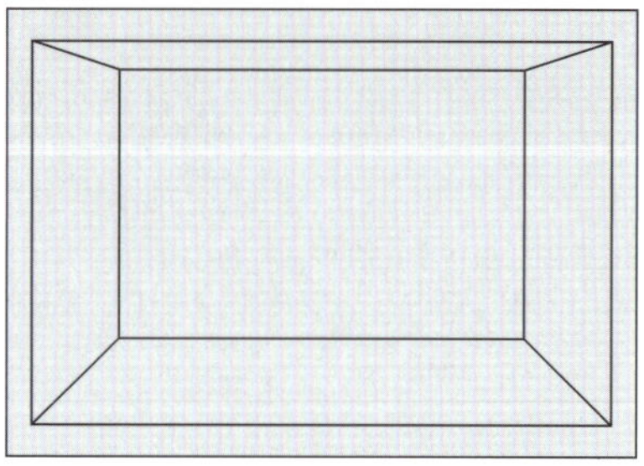

2. Auf dem Karton lasieren Sie das Schränkchen in einem Holzfarbton. Geben Sie dem Teppich einen kräftigen Farbton.
3. Schneiden Sie um Teppich und Schränkchen den Raum aus. Kleben Sie beides mit dem verbleibenden Rahmen auf die Raumkonturen der Folie.

Karton

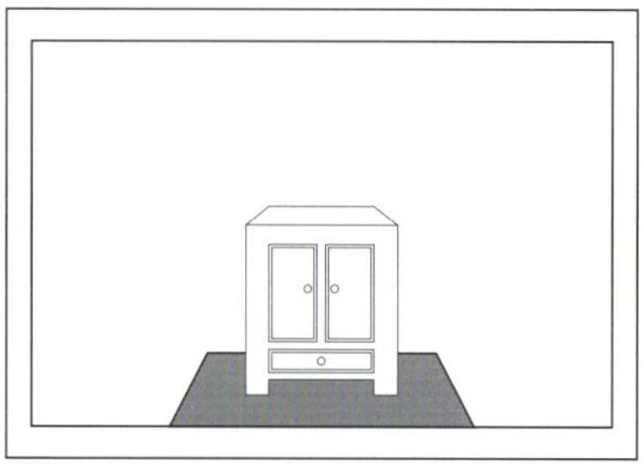

4. Legen Sie nun die Folie auf farbige Kartons und bestimmen Sie so die passende Farbrichtung für den Raum.

Durch Ausschneiden von Decken- oder Bodenfläche und Auflegen auf die Folie können Sie den Raumeindruck variieren.

III. Farbgestaltung mit Schabloniertechnik.

Es soll ein Dekorfries für Wände oder Möbel rationell in **Schabloniertechnik** ausgeführt werden.

Die Schablone ist ein Hilfsmittel um ein wiederkehrendes Ornament oder um Ornamentteile schnell, gleichmäßig und sauber auf einen Untergrund zu bringen. Soll das wiederkehrende Muster einfarbig werden, so wird eine „einschlägige" Schablone benötigt. Jede weitere Farbe bedarf eines weiteren „Schlages".

1. Entwerfen des Musters:
   Die Gestaltungsfläche ist ein schmaler Fries über die gesamte Thekenlänge und -breite. Es bietet sich also ein fortlaufendes Muster an, z. B. ein zweifarbiges:

   Dieses Muster setzt sich aus den folgenden zwei Schlägen zusammen:

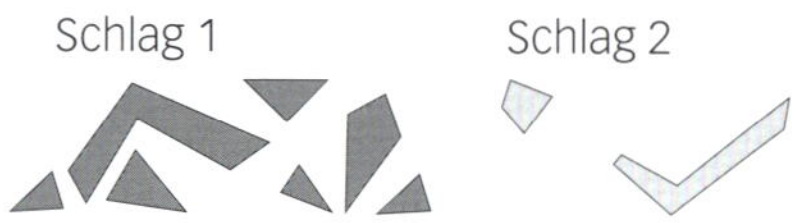

2. Schablonen herstellen:
   Spezielle Schablonenfolie muss nicht weiter vorbereitet werden. Man kann aber auch Schablonen aus ca. 220 g starkem Zeichenkarton herstellen. Dazu werden aus zwei DIN-A3-Kartons gleich große, rechteckige Stücke von z. B. 12 cm x 36 cm geschnitten, aufeinandergelegt und an den oberen und unteren Ecken jeweils rechteckig eingekerbt. Das abgebildete Motiv wird vergrößert, so dass das Motiv ca. 8 cm hoch wird.

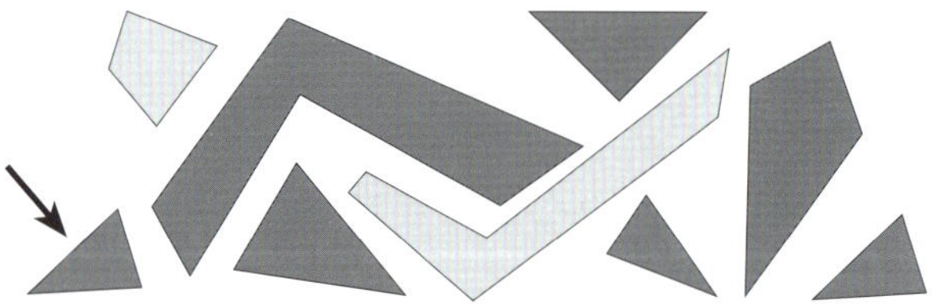

Wird mit Folie gearbeitet, so muss die Folie nur aufgelegt und das jeweilige Motiv des Schlages aufgezeichnet werden. Sonst wird das entsprechende Motiv der Kopie auf das jeweilige Kartonstück durchgepaust. Das mit einem Pfeil markierte Motivdetail muss als Passmarke sowohl für Schlag 1 als auch für Schlag 2 vorhanden sein; für Schlag 2 muss es also mit aufgezeichnet werden. Die Motive werden auf einer Glasunterlage mit einem Folien- oder Cuttermesser sauber ausgeschnitten. Sie erhalten so die zwei Schablonen.

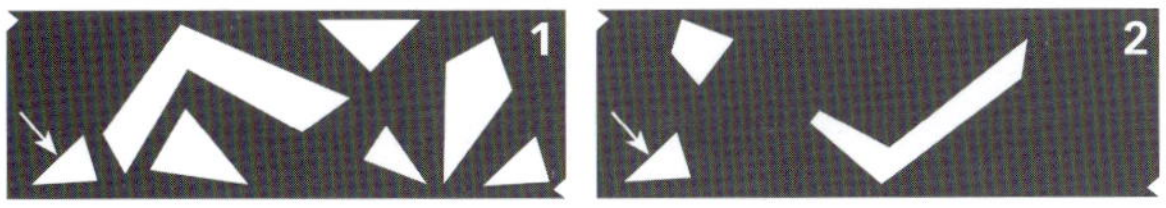

Die Schablonen werden nun mithilfe der Passmarken genau aufeinander gelegt. Jetzt erkennt man, ob sauber gearbeitet wurde, denn alle anderen Motivteile dürfen sich nicht überlappen und nur die Passmarken sind offen.

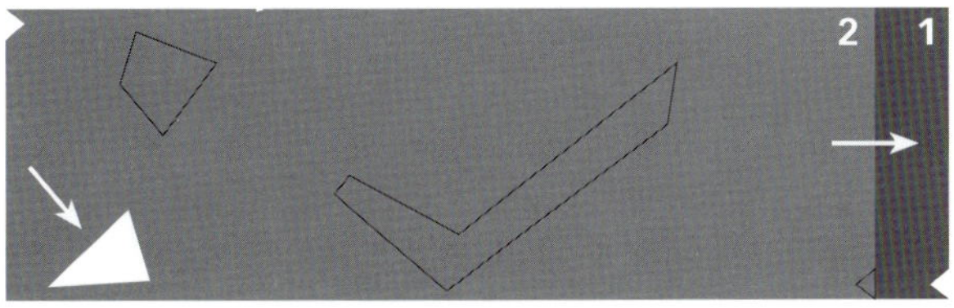

Die Schablonenfolie ist nun fertig. Der Karton muss noch mit Lack eingestrichen oder ganz in Lack getaucht werden. Gut eignet sich wegen seiner hohen Trocknungsgeschwindigkeit farbloser Zapponlack. Die Kartonschablonen sind dadurch beständig, vor allem, wenn mit Dispersionsfarben gearbeitet wird.

3. Schablonieren:
   Um das Motiv möglichst gerade auf den Untergrund zu bringen werden im Abstand der dreieckigen Einkerbungen eine obere und untere Begrenzungslinie gezogen. Der 1. Schlag wird auf der getrockneten Untergrundfarbe ausgeführt. Dabei kann das Muster mit einem speziellen Schablonierpinsel oder mit einem kurzgebundenen Ringpinsel deckend oder lasierend gestupft werden. Das Muster kann granierend oder auch deckend zugestrichen werden. In jedem Fall ist die Schablone immer fest auf den Untergrund zu drücken und der Farbauftrag erfolgt vom Rand des Motivs aus möglichst senkrecht und mit „trockenem" Pinsel.

Ist das Motiv vollständig mit Farbe ausgefüllt, wird die Schablone weitergeschoben, bis die Passmarke auf dem entsprechendem Motivteil liegt und das Schablonieren fortgesetzt werden kann. Danach verfährt man mit Schlag 2 ebenso.

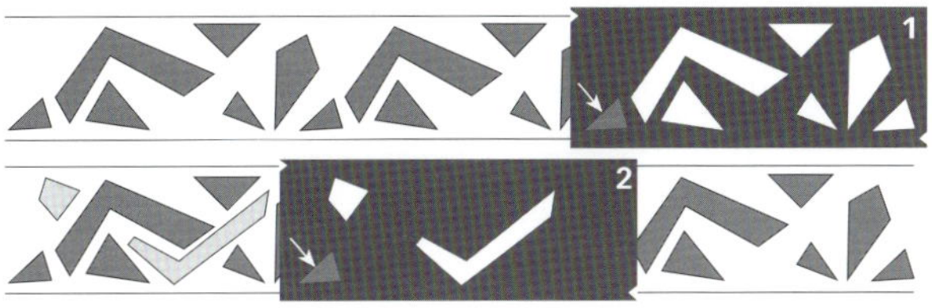

Man kann das Motiv noch mit Linien begrenzen.

IV. Unmögliche Konstruktion.

Zeichnen Sie die Abbildung auf einen DIN-A4-Karton und legen Sie die Flächen in entsprechenden Grautönen aus. Stellen Sie dabei fest, welche Seiten bei der Konstruktion vertauscht wurden.

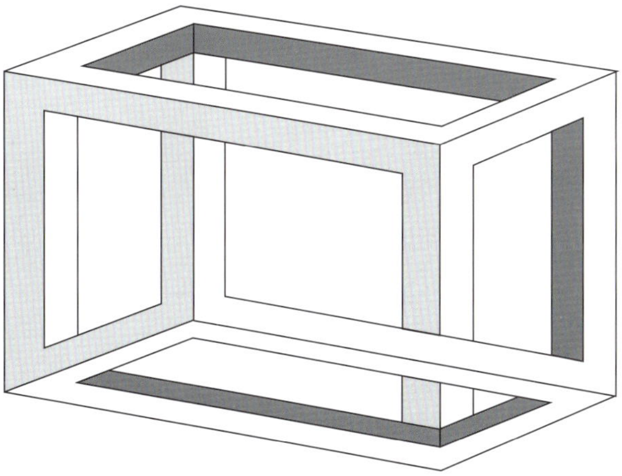

V. Körperkonstruktion.

1. Vom Körper zur Fläche

   Zeichnen Sie von den abgebildeten Büroblöcken im Maßstab 1 : 250 die Vorderansicht, die Draufsicht und die Seitenansicht von links.

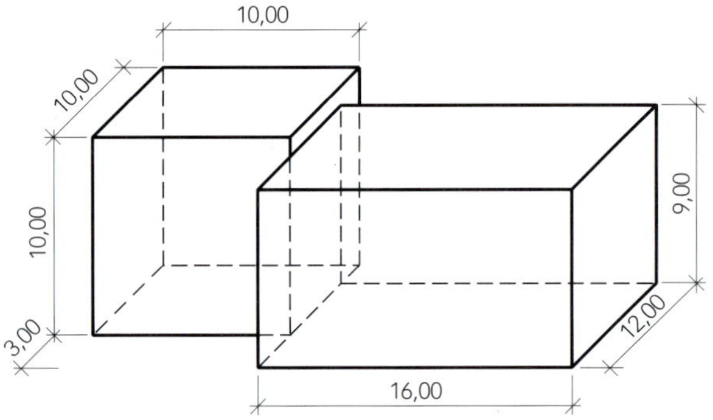

2. Von der Fläche zum Körper

   Zeichnen Sie aus den drei Ansichten die zwei Baukörper in dimetrischer Kavaliersperspektive im Maßstab 1 : 100.

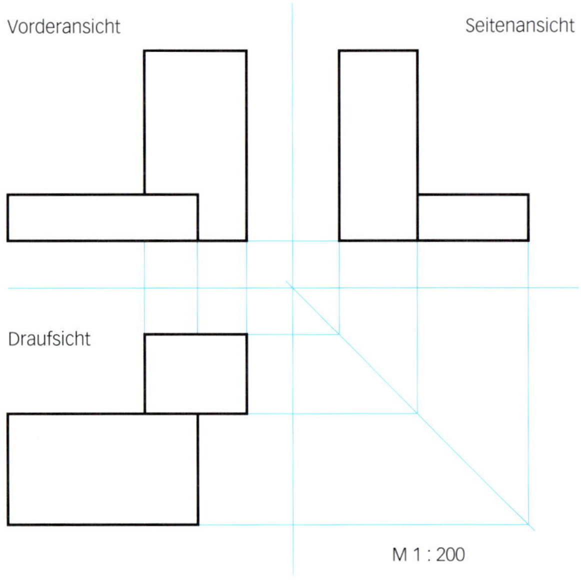

VI. Innenraumgestaltung in Parallelprojektion.

Das Erdgeschoss des abgebildeten Ferienhauses soll innen farblich neu gestaltet werden. Fertigen Sie eine möglichst übersichtliche Präsentation an.

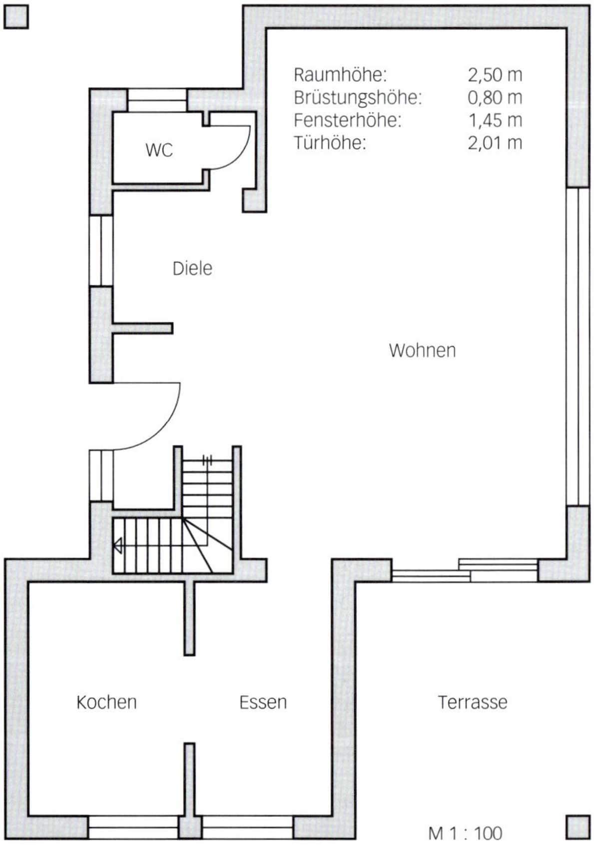

Dazu ist ein Gestaltungsvorschlag so in Parallelprojektion zu zeichnen, als ob ohne Decke von oben in die Räume gesehen wird. Ein alternativer Gestaltungsvorschlag soll den Wohnraum in Zentralperspektive zeigen.

Dazu kann wie folgt vorgegangen werden:

1. Zeichnen Sie den Grundriss im Maßstab 1 : 50 auf einen DIN-A3-Karton.
2. Beginnen Sie an der Außenecke der Küche die Raumhöhen von 2,50 m unter einem Winkel von 60° nach links außen zu zeichnen. Verbinden Sie dann die Begrenzungsparallelen der Außenwände.

Beispiel:

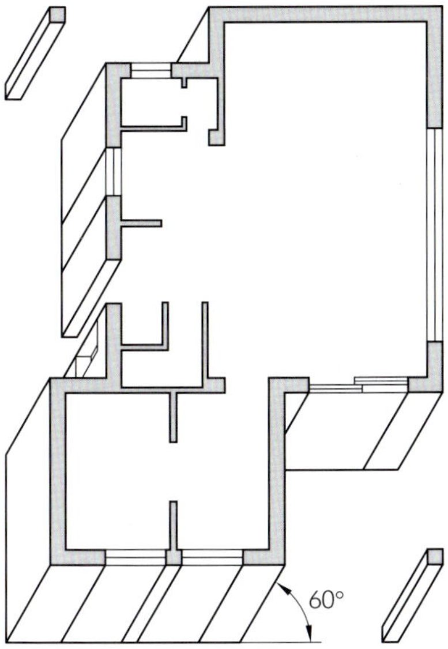

3. Zeichnen Sie die Wandstärken, Fensterbrüstungen und Fensterhöhen entsprechend ein und die Außendarstellung ist fertig.

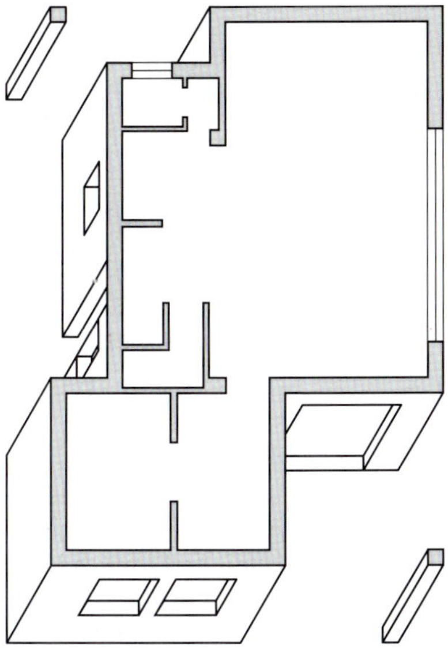

4. Zeichnen Sie nun alle Innenwandhöhen und Bodenbegrenzungen ein. Damit ist die Übersichtszeichnung fertig.

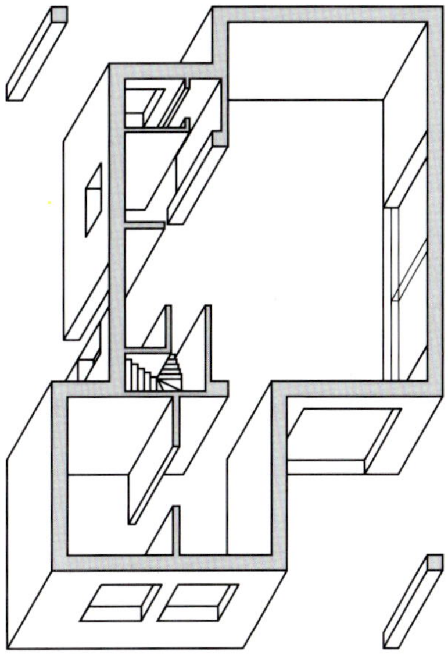

5. Gestalten Sie Wände und Böden farbig.
6. Konstruieren Sie aus dem Grundriss gemäß den Erklärungen auf Seite 85 den Wohnraum in Zentralperspektive. Als untere Bildkante soll die Fensterseite dienen, so dass die Blickrichtung zur Diele hin zeigt.
7. Gestalten Sie Wände und Boden alternativ zur Parallelprojektion.

VII. Verkaufsraum in unterschiedlicher Anmutung.

Der in Zentralperspektive dargestellte Raum soll als Verkaufsraum umgestaltet werden.

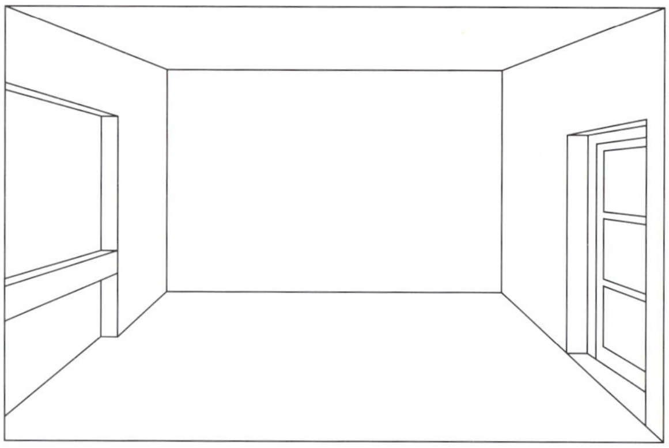

Dazu liegen drei verschiedene Nutzungsvorschläge, und zwar

→ als Reisebüro,
→ als Computerverkauf,
→ und als Obstladen vor.

1. Vergrößern Sie den abgebildeten Raum dreimal auf DIN-A4-Größe.
2. Gestalten Sie den Verkaufsraum entsprechend der drei Nutzungsvorgaben.
3. Legen Sie Strukturen, Farbtöne und Dessins für die entsprechende Nutzung in einer Farb- und Materialcollage fest.
4. Entwerfen Sie für die Raumrückwand ein Ornament im Seitenverhältnis Breite : Höhe = 1 : 1,6, welches sich auf die Nutzung des Raumes beziehen soll.

VIII. Gestaltungskonzept für einen Galerieraum.

Der im Grundriss abgebildete Ausstellungsraum soll eine neue Gesamtgestaltung bekommen. Der Besitzer ist sich noch nicht sicher, ob in dem umgestalteten Raum

→ moderne Grafiken und Skulpturen, oder
→ Bilder und Skulpturen alter Meister

ausgestellt werden sollen. Der aus Eichenholz verlegte Parkettfußboden soll erhalten bleiben. Die flache Decke mit einer Lichtkuppel im Erker soll mit in das Gestaltungskonzept einfließen.

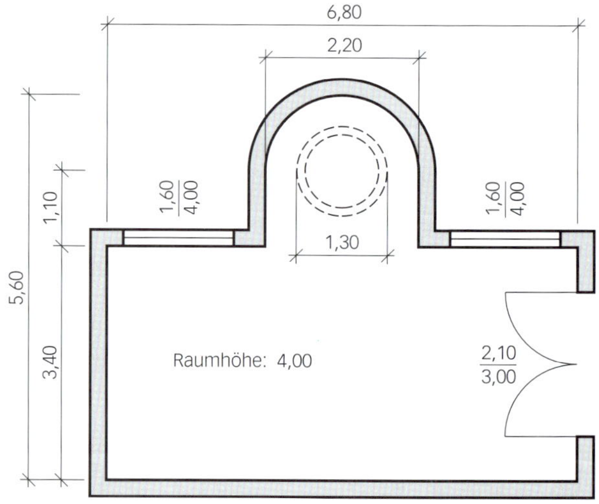

1. Zeichnen Sie den Raum als Abwicklung im M 1 : 25. Dabei kommen Sie über die Raumvorstellung zum Abklappen der Wandflächen (Mantelfläche) und zum Aufklappen der Deckenfläche und damit zur Abwicklung. Beispiel:

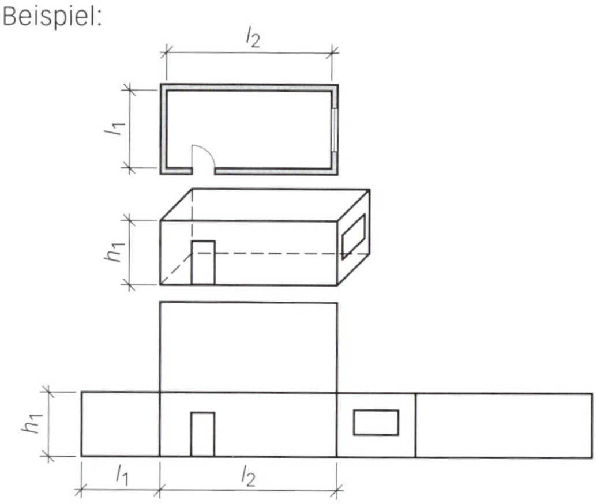

2. Entscheiden Sie sich für eine Ausstellungsart – alte Meister oder moderne Grafiken – und gestalten Sie die Wandflächen und die Deckenfläche.

IX. Hotelruhezone.

In einem Hotel sollen die Ruhezonen in den Fluren neu gestaltet werden. Fertigen Sie dazu eine Präsentation für die farbliche Gestaltung der Zonen mit Sitzmöbel und der Durchgangstür zum Balkon in Frontaldarstellung für

→ Wände,
→ Decke,
→ Fußboden.

Die Präsentation soll sich aus drei Darstellungen zusammensetzen.

1. Vergrößern Sie die beiden Detailabbildungen jeweils auf DIN-A3-Karton im Format 25 cm x 25 cm.

2. Skizzieren Sie farbig, z. B. mit Filzstiften, die Darstellung Wand/Sitzmöbel.
   Dabei sind die Sitzmöbel farblich mit zu gestalten, sowohl im Holzgestell als auch in der Polsterung.
3. Gestalten Sie nun ebenfalls skizzenhaft den Balkontürbereich mit der Wandfläche. Berücksichtigen Sie dabei, dass Übergardinen oder Vorhänge im Türbereich vorgesehen sind.
4. Vergrößern Sie die Frontalabbildung ebenfalls auf DIN-A3-Karton und fertigen Sie in einer von Ihnen gewählten Präsentationstechnik das Gesamtkonzept einschließlich einer Materialcollage.

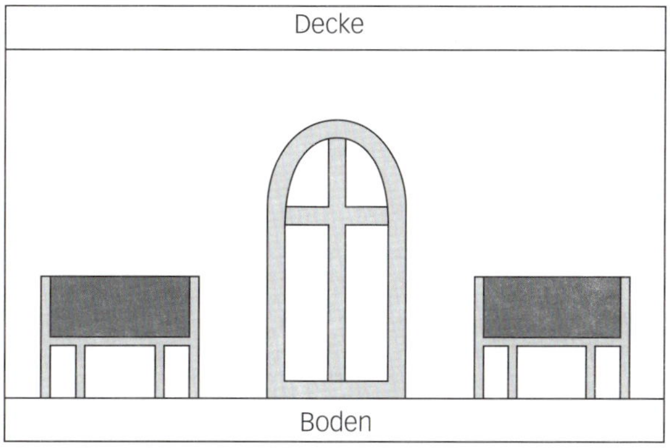

X. Symbole für einen Kindergarten.

In einem Kindergarten werden neue Piktogramme den Gruppen

- Uli die Eule,
- Jogi der Bär und
- Kiki der Pinguin zugeordnet.

Diese Symbole sollen auf die neu zu beschichtenden Flurtüren in Lacktechnik aufgetragen werden.

1. Zeichnen Sie aus der abgebildeten Grundrisszeichnung eine Frontalansicht mindestens in DIN-A3-Größe. Das Kreuz stellt den Standpunkt des Betrachters dar.
2. Gestalten Sie in Ihrer Zeichnung Tür-, Wand- und Bodenflächen farbig und legen Sie eine Materialcollage an.
   Berücksichtigen Sie die Funktion des Raumes.

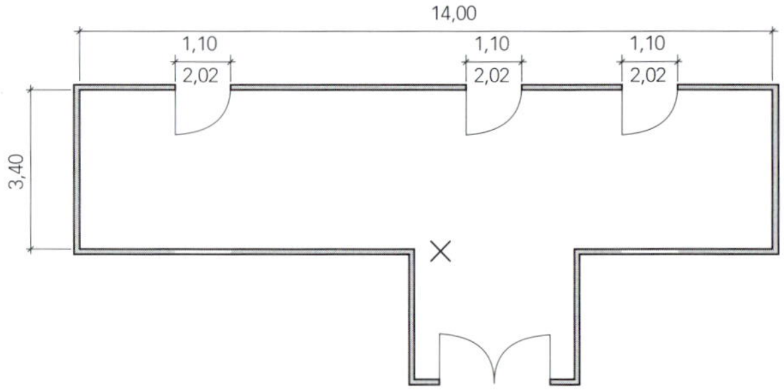

3. Übertragen Sie eines der Piktogramme in ein Quadrat von 25 cm x 25 cm und skizzieren Sie den Hintergrund und das Piktogramm mit Farbstiften.
4. Bereiten Sie eine 80 cm x 80 cm MDF-Platte für eine Lackierung vor. Lackieren Sie die Platte nach Ihrem skizzierten Farbentwurf, bringen Sie das Piktogramm in Folienschneidetechnik auf und lackieren Sie es ebenfalls.

XI. Projekt: Café Rahm.

Erarbeiten Sie für das Café Rahm einen Gesamtgestaltungsvorschlag. Die Gestaltungsvorschläge sollen durch eine Farb- und Materialcollage präsentiert werden. Entwickeln Sie die Gesamtgestaltung in vier Aufgaben.

Aufgabe 1:
Bestimmen der Farbrichtung und Erstellen einer Materialcollage.

1. Bestimmen Sie zunächst die Farbrichtung, indem Sie einen Farbplan nach prozentualer Aufteilung der gesamten Flächen im Café vorlegen.

   Beispiel:
   Zeichnen Sie ein Rechteck von 25 cm x 15 cm und unterteilen Sie dieses in drei Rechtecke, die der Flächenaufteilung von ca. 60 %, 30 % und 10 % entsprechen.
   Kleben Sie darauf ihre entsprechenden Farbvorschläge.

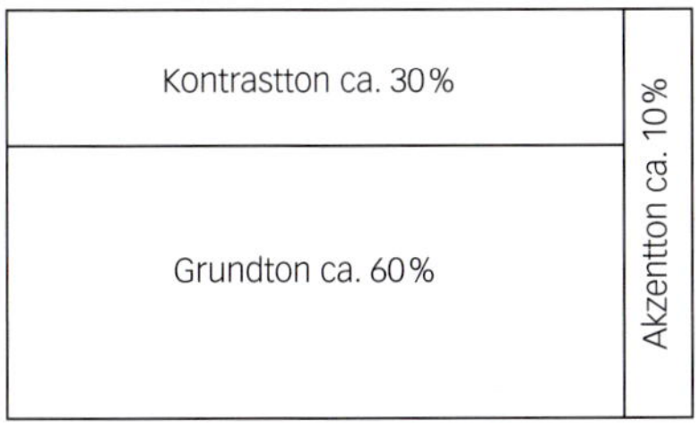

2. Nach diesem Farbvorschlag suchen Sie Bemusterungen
   – für Boden, z. B. Teppichboden,
   – für Wände, z. B. Tapeten, Wandbeläge oder dekorative Gestaltungstechniken,
   – für Textilien, z. B. für Polster, Gardinen, Übergardinen in Spielkartengröße, ca. 9 cm x 6 cm, aus.
   Kleben Sie den Farbrichtungsvorschlag mit den Bemusterungsproben auf einen Karton.

Beispiel:

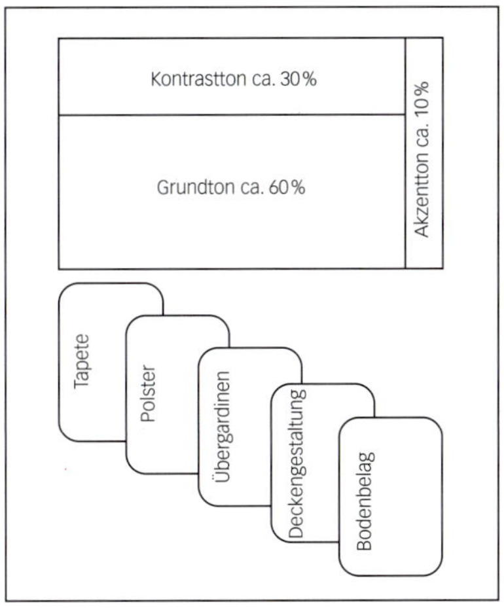

Aufgabe 2:
Entwickeln eines Firmenschildes.

1. Bereiten Sie eine 19 mm starke Spanplatte von 50 cm x 50 cm für eine Lackierung vor. Wählen Sie als Schlusslackierung einen zu Ihrem in Aufgabe 1 gewählten Farbton in der passenden Farbrichtung.
2. Entwerfen Sie ein Firmenschild im Maßstab 1 : 2. Der Schriftzug „Café Rahm" kann dafür konstruiert, geschrieben oder aus vorhandenen Schriften ausgeschnitten werden.
3. Entwerfen Sie ein Logo, indem Sie das folgende Piktogramm in den Schriftzug einbinden. Dabei kann die Tasse vergrößert, verkleinert, einfach oder mehrmals verwendet werden.

4. Wählen Sie Techniken für Ihre Ausführung auf der Lackplatte aus.

Aufgabe 3:
Gestaltung der Café-Bar.

Für die Theke der Café-Bar soll passend zur Farbrichtung des Raumes ein Gestaltungsvorschlag erarbeitet werden. Der Aufbau und die Vorgaben für die Gestaltung sind der folgenden Zeichnung zu entnehmen:

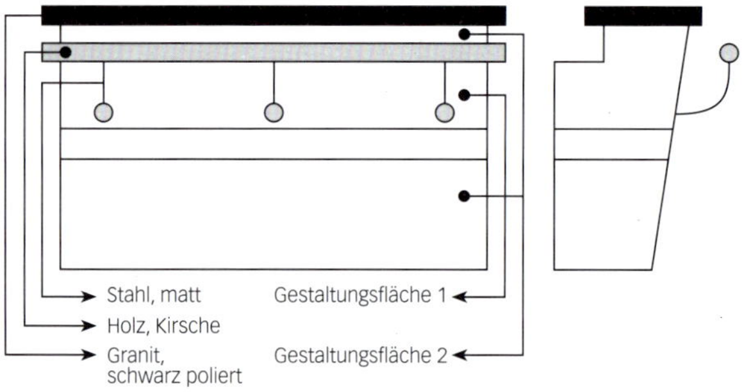

Der Gestaltungsvorschlag kann wie das folgende Beispiel ausgeführt werden:

1. Eine MDF-Platte von 1,00 m x 1,00 m wird für Gestaltungstechniken vorbereitet (spachteln, grundieren, vorlackieren usw.).
2. Die Platte wird wie abgebildet unterteilt und es werden zwei Techniken darauf ausgeführt:

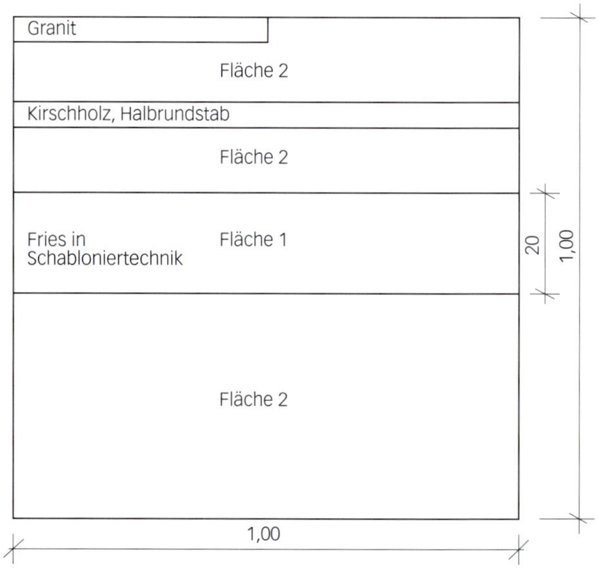

3. Der farblos lackierte Halbrundstab aus Kirschholz und das polierte Granitstück werden auf die Platte aufgeklebt und die Gestaltungsvorlage ist fertig.

Aufgabe 4:
Fassadengestaltung.

Version a:
Suchen Sie an Ihrem Schulstandort ein passendes Gebäude, das zu einem Café umgebaut werden könnte.

1. Fotografieren oder skizzieren Sie das Gebäude und fertigen Sie danach mindestens eine DIN-A3-Zeichnung zur Fassadenpräsentation an.
2. Führen Sie einen auf Ihren Raumentwurf abgestimmten Präsentationsentwurf mit Farb- und Materialcollage aus.
3. Gestalten Sie in Verbindung mit Ihrem Firmenlogo einen Schriftzug und führen Sie ihn auf DIN-A3-Karton aus.

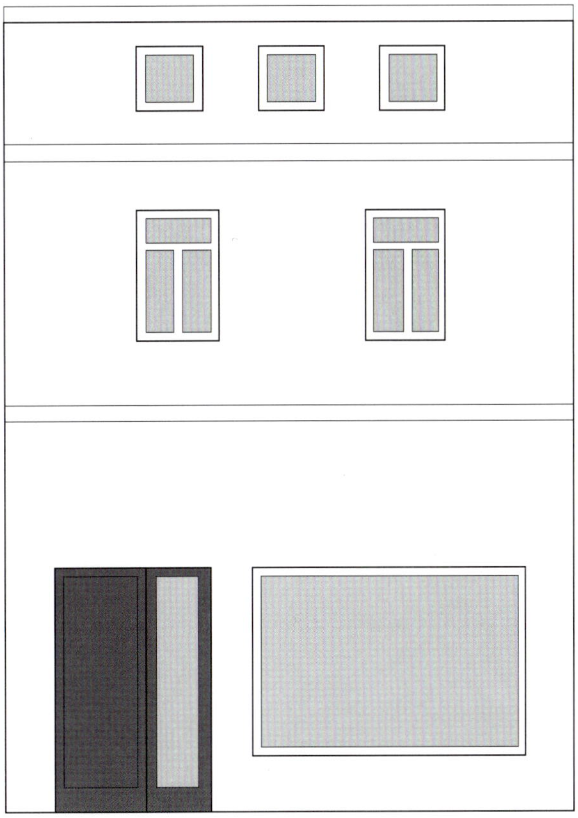

Version b:
Fotokopieren Sie die abgebildete Fassade auf DIN-A3-Größe und kleben Sie die Fotokopie auf festen Karton.

1. Führen Sie einen auf Ihren Raumentwurf abgestimmten Präsentationsentwurf mit Farb- und Materialcollage aus.
2. Gestalten Sie in Verbindung mit Ihrem Firmenlogo einen Schriftzug und führen Sie ihn auf DIN-A3-Karton aus.

1. Gestaltungstechniken

Techniken im Maler- und Lackiererhandwerk haben sich in ihrer über tausendjährigen Geschichte in den Kernaufgaben – Schützen, Gestalten und Schmücken – ständig entwickelt und sich den Wünschen und Anforderungen der Auftraggeber angeglichen. Dabei sind bis zum heutigen Tag die Gestaltung von Flächen eines Gebäudes, die Beschriftung und nicht zuletzt der Entwurf immer Schwerpunkte gewesen (Bilder 1 bis 3).

Bild 1

Bild 2

Bild 3

Oberflächengestaltung kann sowohl durch Farbe als auch durch Form und Struktur erfolgen. Dabei können sowohl das aufgetragene Material als auch das verwendete Werkzeug den Gestaltungseffekt bestimmen.

Wird im Außenbereich **mineralischer Putz** als Haut auf den Wandbildner aufgetragen, so lässt sich dieser Baustoff durch gekonnte Werkzeugführung und entsprechende Farbigkeit im Zusammenwirken mit anderen am Bauwerk beteiligten Materialien hervorragend als Gestaltungsmittel einsetzen.

Handwerkliche, die Oberflächenstruktur des noch frischen Putzes verändernde Gestaltungsmöglichkeiten sind z. B.:

- → Kratzen,
- → Kerben,
- → Ritzen,
- → Schaben,
- → Schneiden,
- → Stempeln,
- → Wischen.

Farbig kann der Putz durch

- → Einfärben des feuchten Putzes (Fresco-Technik),
- → Färben des trockenen Putzes (Secco-Technik),
- → Abtragen verschieden gefärbter, aufeinander aufgetragener Putzschichten (Sgraffito-Technik) gestaltet werden.

Aber auch **Kunstharzputze**, weiß oder in Farbtönen geliefert, eignen sich als Gestaltungsmittel im Außenbereich. Auch hier können in den noch nicht abgebundenen Werkstoff Strukturen oder Ornamente eingebracht werden.

Lasuren, also farbige Beschichtungen, die den Untergrund durchscheinen lassen, eignen sich zur Gestaltung von Sichtbetonflächen. Zeigt die Betonoberfläche Strukturen, z. B. von gestrahlter Holzschalung, kann als Gestaltungsmittel Lasur auf die Schutzbeschichtung aufgetragen werden. Aber auch Holz und Putz eignen sich als Untergrund für Lasuren. Lasierte Hölzer verlieren ihre typische Maserung nicht.

Wird die Maserung von Holz auf einen Untergrund gemalt, also naturgetreu nachempfunden, so nennt man diese Maltechnik **Imitation**. Neben dem **Maserieren** gehört das **Marmorieren** ebenso zur Imitationstechnik. Dabei wird die Struktur des Marmors nachgemalt. Aber auch Steinquader anderer Steinarten werden um Fenster oder Türen aufgemalt, so dass ein plastischer Steineindruck entsteht. Die Graumalerei (siehe Seite 8) ist eine Art der Imitationstechnik.

Im Innenbereich sind dem Maler und Lackierer mit den heutigen Werkstoffen kaum Grenzen in den Gestaltungsmöglichkeiten gesetzt. Sie können durch die Auswahl des Materials eingegrenzt werden. Das Material kann

- dünnflüssig, z. B. Lasur- oder Silicatfarbe,
- flüssig, z. B. Lack-, Leim- oder Dispersionsfarben,
- pastös, z. B. Kunstharzputze oder Kunstharzplastiken,
- fest, z. B. Tapeten oder Gewebe, sein.

Diese Zustandsformen des Materials bestimmen die einsetzbaren Werkzeuge, die Oberfläche und die Struktur der fertigen Ausführung und den damit verbundenen Gestaltungseffekt.

Die Beispiele (Bilder 1 bis 6) sollen der Fantasieentwicklung dienen, wie Materialien und Werkzeuge gestalterisch eingesetzt werden können.

Bild 1: Wickeltechnik.

Bild 2: Wischtechnik.

Bild 3: Streichtechnik.

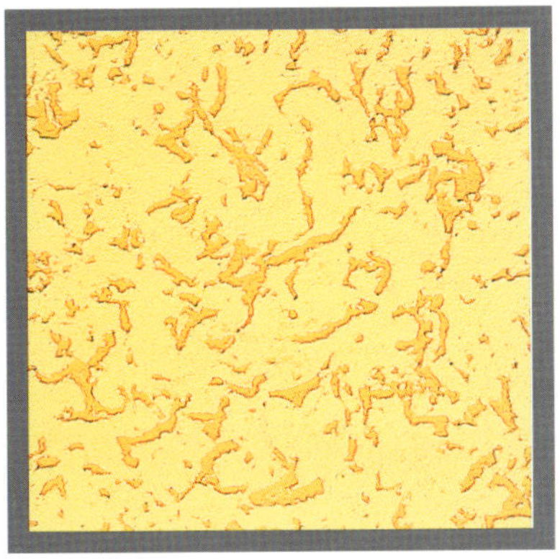

Bild 4: Reibetechnik.

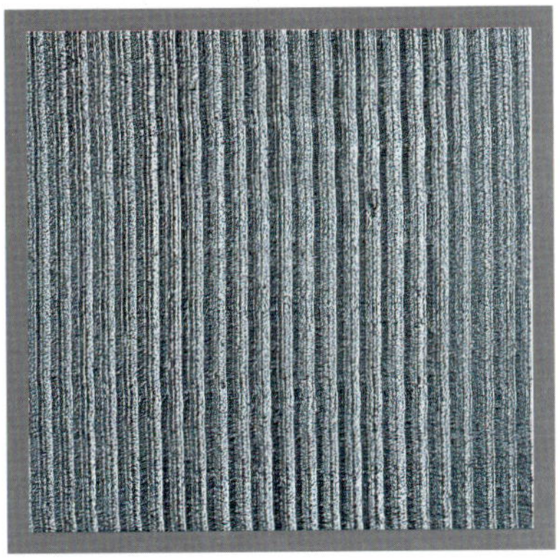

Bild 5: Zugtechnik.

Bild 6: Spachteltechnik.

2. Beschriftungstechniken

Schrift ist neben Sprache das wichtigste Kommunikationsmittel der Menschen. Die Entwicklung der Menschheitsgeschichte ist von Schrift begleitet und geprägt worden.

Die **Versalien** (Großbuchstaben) unseres Alphabets lassen sich wie ein Ornament auf drei Formelemente zurückführen:

- → Kreis, z. B. für C, Q, O,
- → Dreieck, z. B. für A, X, V, W,
- → Quadrat, z. B. für H, T, L.

Durch Kombination oder Teilung dieser Formelemente, die vergrößert, verkleinert, geneigt, gedreht, verdoppelt oder verdreifacht werden, unterscheiden sich die Buchstaben des Alphabets voneinander.

Beispiel:

Diese Formen bilden aneinander gereiht das Wortbild, bei dem das Verhältnis der Flächen zwischen den einzelnen Buchstaben möglichst harmonisch und ausgewogen sein soll. Ein Verhältnis ist harmonisch, wenn der Buchstabenabstand optisch ausgeglichen wird. Dieser **optische Ausgleich** ist bei jeder Beschriftungstechnik zu berücksichtigen.

Beispiel:

Die Buchstabenzwischenflächen sind für das Erfassen des Wortbildes ebenso wichtig wie die Buchstaben selbst.

Beispiel:

Bei der Vielzahl von Schriftvariationen handelt es sich also um Formveränderungen der Buchstabenelemete Quadrat, Kreis und Dreieck. Diese Urformen lassen sich dehnen oder pressen. Daraus entwickeln sich Schriften, die mager, halbfett, fett, schmal oder breit sein können.

a. Schriftkonstruktion

Schriften lassen sich durch Konstruieren mit Zirkel und Lineal erzeugen. Als Beispiel sollen die Versalien der Schrift **Grotesk**, schmal/halbfett, dienen.

Bei der Wortkonstruktion können die Höhe und Breite der Buchstaben sowie die Wortlänge durch die Balkenstärke ermittelt werden.

Die Buchstabenhöhe ist maßgebend für das Grundraster. Z. B. bei der Schrift Grotesk halbfett ist das ein Rechteck, definiert durch 1 Buchstabenhöhe x 1/2 Buchstabenhöhe. Die Balkenstärke beträgt immer 1/3 der Buchstabenhöhe.

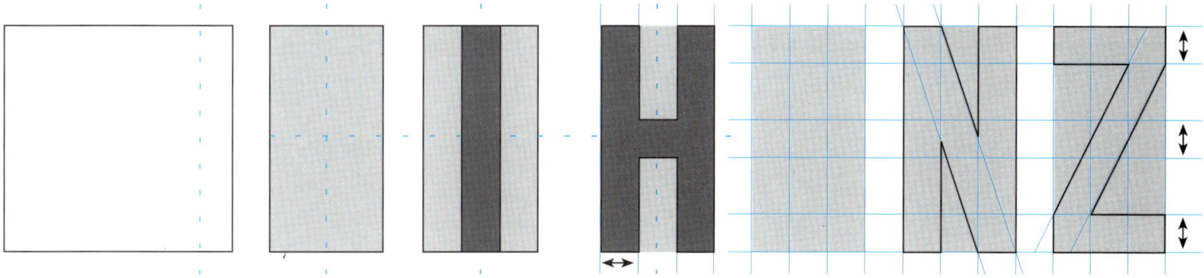

Ur-Form: Quadrat Seitenlänge = Schrifthöhe | Grundraster = 1/2 Quadrat = 1/1 | Balkenstärke = 1/3 Grundraster | Balkenstärke | **E, F, T, L** | **N** | **Z**

1/4 Balkenstärke

C, G, O, Q | **P, R**

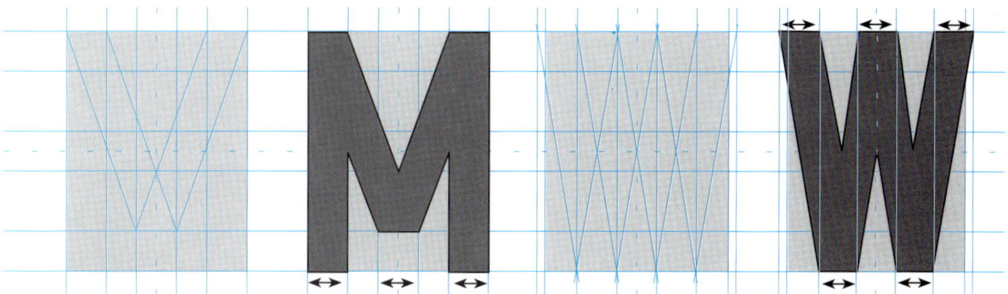

1 1/2 Grundraster | Balkenstärke

Die Abstände zwischen den Buchstaben eines Wortes sollen optisch ausgeglichen sein. Dazu können die folgenden Näherungswerte, angegeben in Balkenstärke, dienen, die die Abstände zwischen den einzelnen Buchstaben festlegen.

Buchstabenabstand in Balkenstärke (BST)	**Anwendung**	**Buchstabenfolgen Beispiele:**
1 BST	Offene oder halbgeschlossene Buchstaben treffen auf links senkrecht stehende Buchstabenbalken.	**BD EF GH RU KD DE BK**
1,5 BST	Drei senkrecht stehende Buchstabenbalken treffen aufeinander.	**HIN NIE HIL HIE IMI NIL MIE**
1,25 BST	Zwei senkrecht stehende Buchstabenbalken treffen aufeinander, oder Buchstaben mit dreieckiger Grundform treffen aufeinander, oder ovale Formen treffen aufeinander.	**IK IP IL JL HI HL HK HF HP VW KA MA OC CG OO GO**
0,75 BST	Gerade Buchstabenbalken vor oder nach dem Buchstaben A oder nach dem Buchstaben C, oder spitze Buchstabenenden treffen auf den Querbalken vom T.	**AL AD NA HA AU AF CD CK CH CE KT VT WT**
0,5 BST	Nach den Buchstaben F und L, oder bei den Buchstabenfolgen:	**FR FK LE LB FC VA AV AW WA LV LW**
0,25 BST	Beim Zusammentreffen von TT.	**TT**
0 BST	Zusammentreffen von Buchstaben mit großen Freiflächen oben und unten.	**TA FA PA**
– 0,5 BST	Treffen die Buchstaben LT und LY aufeinander, erfolgt ein negativer Abstand.	**LT LY**

Die Balkenstärken der Buchstaben ergeben sich ebenfalls aus dem Grundraster.
So sind z. B. die Buchstaben M und W 1,5 Grundraster breit und ergeben damit 3/2 : 1/3 = 4 1/2 Balkenstärken. Die Summe der Buchstabenbreite und der Buchstabenabstände gerechnet in Balkenstärken ergibt die Wortlänge.

Beispiel:

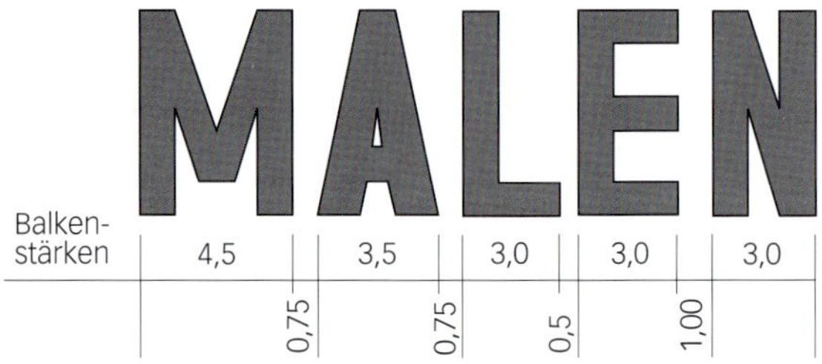

Buchstabenhöhe (BH) = 1, z. B. 6 cm
Balkenstärke (BST) = 1/3 BH = 6 cm/3 = 2 cm
Wortlänge incl. Abstände = 20 BST = 40 cm

b. Schriftschablonen

Um ein Wort oder Zahlen mehrmals auf Untergründe aufzubringen, eignen sich Schablonen. Die Buchstaben- oder Zahlenfolge wird zunächst konstruiert und dann auf spezielle Schablonierfolie oder -papier übertragen und ausgeschnitten. Sind Buchstabeninnenflächen ohne Verbindung zur Folie vorhanden, wie das bei A, D, B, O, P, Q und R der Fall ist, müssen sie durch Stege mit dem Schablonengrund verbunden werden (Bild 1).

Sollen die Stege nach dem Ausführen der Beschriftung durch Stupfen, Spritzen oder Überwalzen nicht mehr sichtbar sein, so werden sie übermalt.

c. Abreibe- und Klebebuchstaben

Abreibebuchstaben ermöglichen eine einfache Beschriftung von Papier oder Karton. Trägerbögen mit mehreren gleichen Buchstaben gibt es in einer Vielzahl von Schriftarten. Die Buchstaben werden mit Kugelschreiber oder Spezialabreibestift einzeln vom Trägerbogen auf den Untergrund gerieben. Abstandsmarken sorgen für richtigen optischen Ausgleich der Buchstaben und erleichtern die Ausrichtung an einer Setzlinie (Bild 2).

Bild 1: Schablonenschrift.

Bild 2: Abreibebuchstaben.

Bild 3: Pinselschrift.

Klebebuchstaben werden aus hochwertiger, 0,1 mm dünner PVC-Folie gestanzt und mit alterungsbeständigem Acrylkleber versehen. Diese Klebebuchstaben sind mit einer Setzlinie versehen, die richtige Abstände garantiert. Mit Klebebuchstaben sind dauerhafte Beschriftungen auf glatten Flächen für innen und außen möglich.

Montage:

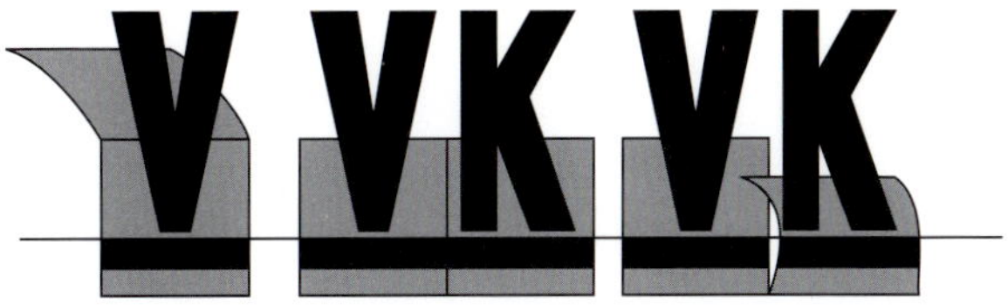

Obere Trägerfolie abtrennen, Buchstabe setzen und andrücken.

Setzlinie an Setzlinie ausrichten und Buchstabe andrücken.

Unterer Trägerfolienanteil abziehen, Buchstaben andrücken.

d. Computergeschnittene Schriften

In selbstklebende Farbfolien mithilfe eines Computers geschnittene Schriften werden entweder im Spezialhandel nach entsprechender Vorlage hergestellt und übertragungsfertig geliefert oder am Computer mit der entsprechenden Hard- und Software selbst entworfen und geschnitten. Die Schriften müssen entgittert werden. Das heißt, die die Buchstaben umgebende Folie (bei Positivschriften) oder die Buchstaben selbst (bei Negativschriften) muss entfernt werden. Damit die Schrift auf den Untergrund transportiert werden kann, wird sie mit Übertragungsfolie versehen.

POSITIV	NEGATIV

Diese Art der Beschriftung lässt in kürzester Zeit alle Schriftvariationen zu. Bis zu tausend verschiedene Schriftarten für den Computer können geliefert werden.

Am Beispiel der Schrift Helvetica sollen einige Varianten von Schriftausrichtung und -abwandlung aufgezeigt werden:

Ausrichten von Schrift:

mehrzeilige Schriftgestaltung linksbündig	mehrzeilige Schriftgestaltung mittig	mehrzeilige Schriftgestaltung rechtsbündig

Abwandlungen von Schrift:

Helvetica normal	Helvetica gespiegelt	Helvetica als Rundsatz
Helvetica fett	Helvetica hoch gestreckt	Helvetica perspektivisch verzerrt
Helvetica kursiv	Helvetica breit gestaucht	
Helvetica fett-kursiv		Helvetica einer Hülle angepasst

Das Übertragen der Schriftfolie auf den Untergrund geschieht in den folgenden Schritten:

1. Untergrund reinigen und klebeabweisende Substanzen entfernen.
2. Stand der Beschriftung ausmessen und die Grundlinie der Schrift markieren.
3. Trägerfolie von unten nach oben bis zur Schrifthälfte entfernen und umknicken.
4. Schriftzug auf Grundlinie ausrichten und andrücken.
5. Trägerfolie nach oben wegziehen und gleichzeitig den Schriftzug mit der Übertragungsfolie anrakeln.
6. Die Übertragungsfolie im spitzen Winkel vorsichtig von der Schrift abziehen.

3. Darstellungstechniken

Die handwerklich-technische Qualität und eine harmonische Farbgestaltung der Ausführung sind sicherlich wesentliche Elemente im Berufsleben des Malers und Lackierers. Jeder Ausführung liegt eine Idee zugrunde, und jede Idee sollte erst einmal in einen Entwurf umgesetzt werden. Ein Entwurf sollte präsentiert werden, um die gestalterische Idee zu verdeutlichen. Ein Präsentationsentwurf ist ein attraktives Marketinginstrument und unterstreicht die Fachkompetenz sowohl in Gestaltung als auch in Technik.

Grundlage eines Entwurfs kann ein Foto, eine selbst entworfene Skizze oder eine vorhandene Zeichnung sein. Vom Foto oder der Skizze sind Reinzeichnungen zu erstellen. Die Zeichnung wird auf ein vernünftiges Maß, z. B. DIN A3, durch Fotokopieren vergrößert und vervielfältigt. So stehen mehrere Zeichnungen für die Ideenfindung zur Verfügung.

Erste Farbideen lassen sich mit Mal-, Wachs- oder Filzstiften in der Zeichnung ausführen, um Grundtöne oder Farbkontraste experimentell zu erarbeiten. Hat man sich auf eine Farbidee festgelegt, kann der Präsentationsentwurf angefertigt werden.

Die Farbtöne in der Präsentation sollen möglichst der Farbqualität der späteren Ausführung entsprechen, z. B. Dispersionsfarben. Die Entwurfszeichnung kann mit den gewählten Dispersionsfarben ausgemalt werden. Diese **Ausmaltechnik** erfordert handwerkliches Geschick und ist, wenn viele Gestaltungselemente zu berücksichtigen sind, sehr zeitaufwendig (Bild 1).

Diese Technik kann durch eine schwach klebende Folie, die über die gesamte Zeichnung gelegt wird, vereinfacht werden. Fenster, Türen oder andere Gestaltungselemente werden vorsichtig aus der Folie geschnitten. Das auszumalende Element wird von Folie befreit und ausgemalt. Durch mehrmaliges Abdecken, Ausschneiden und Ausmalen entsteht so eine saubere Präsentation.

Einfacher, weil das geradlinige Abgrenzen unterschiedlicher Farbtonflächen beim Ausmalen, also das Beschneiden entfällt, ist die **Collagetechnik** (Bild 2).

Karton wird mit Dispersionsfarbe in den gewünschten Farbtönen deckend beschichtet. Einige Dispersionsfarbenhersteller liefern ihre gesamte Farbpalette vorgefertigt auf Kartons in DIN-A4-Größe. Diese Farbkartons werden in die entsprechende Form geschnitten und in die Zeichnung geklebt. Fenster und Türen werden aus einer Fotokopie ausgeschnitten und auf die Kartons geklebt. Auch so kann schnell und sauber präsentiert werden.

Sind die technischen Voraussetzungen, also Hard- und Software, vorhanden, ist eine computergestützte Präsentation die eleganteste und zeitsparenste Möglichkeit einer Präsentation. Eine Computergestaltung lässt sich sehr einfach variieren, und somit können rasch Alternativen erarbeitet und vorgelegt werden (Bild 3).

Bild 1: Ausmaltechnik.

Bild 2: Collagetechnik.

Bild 3: Computerausdruck.

Vom Entwurf zur Präsentation

Sachregister

Abreibebuchstaben 107
Absorption 9
Abwicklung 83
Akzent 27
Analyse 50, 76
Anmutung eines Raumes 90
Aufriss 85
Ausmaltechnik 109
Ausschneideverfahren 72 f.
Axonometrie 83 f.

Balkenstärke 105 f.
Barock 62
Basistöne 25
Baustil 60 ff.
Baustrukturanalyse 66 f.
Bauwerksanalyse 51
Beleuchtung 87
Beleuchtungsarten 87 f.
Belichtung 86
Bestandsaufnahme 50, 76, 78
betonte Flächenteilung 54
Buchstabenabstand 106
bunte Reihe 20
Buntheit 74 f.
Buntsteinoberfläche 38
Buntton 75
Bürste 42

Collagetechnik 109
computergeschnittene Schrift 108
Computerausdruck 109

Darstellungstechniken 109
diffuses Licht 39
Dimetrie 84
direkte Beleuchtung 87
direktes Licht 39
Dispersionen 42
Dominante 27
Draufsicht 83
dunkelklare Reihe 21, 25
Dynamik 29

Effektfarben 13
elektromagnetische Wellen 6, 8
Entspannung 29
Ergänzungsfarbe 23

Farbe-an-sich-Kontrast 26
Farben (Ordnung) 22 f.
Farberleben 11
Farbharmonie 28
farbige Reihe 20
farbige Strukturwirkung 39
farbiges Licht 13
Farbkontrast 26 f., 44, 52
Farbkonzeption 51
Farbordnungssystem 74 f.
Farbplan 74
Farbplanung 50, 78
Farbrichtung 52, 79 f.
Farbschlüssel 25
Farbtonänderung 24
farbtongleiches Dreieck 25
Farbwirkung 27
Fensteröffnungen 56
Fluchtlinie 58
Fluchtpunkt 84
Fresco-Technik 102

Gebäudehauptachse 52
geometrische Flächenform 53
geometrische Flächenstrukturen 36
Gesamtgestaltungen 57
Gesichtssinn 10
gestalterische Voraussetzungen 77
Gestaltungsaufbau 52
Gestaltungsbauteile 55, 59
Gestaltungselement 52
Gestaltungsflächen 53, 58, 60
Gestaltungsgrundsätze 52
Giebelhäuser 58
Gitternetzmethode 29
Glättkelle 42
gleiche Baukörper 58
goldener Schnitt 54
Gotik 61
Graumalerei 8, 103
Graureihe 7
Grotesk 105
Grundfarbtöne 22

Halbschatten 10
harmonische Teilung 54
Hauptbelichtungsseite 86
Häuserzeile 58
Hell-Dunkel-Kontrast 7, 26
Hell-Dunkel-Wirkung 52
Hellbezugswert 7
Helligkeit 24
hellklare Reihe 21, 25
Historismus 62
Holzoberfläche 38
Horizont 84

Imitiation 103
indirekte Beleuchtung 87
indirektes Licht 39
Isometrie 83

Jugendstil 63

Kalt-Warm-Kontrast 12, 26
kalte Farben 12
Kavaliersperspektive 83 f.
Kernschatten 10
Klassizismus 62
Klebebuchstaben 107
kombinierte Beleuchtung 87
Komplementärfarben 23
Komplementärkontrast 27
Koordinatentransformation 17
Körperkonstruktion 94
künstliche Lichtquellen 6, 13
künstliches Licht 87
Kunstlicht 6

Lack 42
Lackoberfläche 38
Lageplan 66 f.
Lasur 102
Lichtauswirkungen 10 ff.
Lichtbrechung 9
Lichteigenschaften 8 f.
Lichtverteilung 88
Lichtwirkung 7

marmorieren 103
maserieren 103
Materialcollage 99
Materialkontrast 52
Militärperspektive 83 f.
Moderne 63
monochrome Reihe 21

Natural Colour System (NCS) 74 f.
natürliche Lichtquellen 6, 13
natürliches Farbsystem 74 f.
natürliches Licht 87

Oberflächenstruktur 38, 41, 44
optischer Ausgleich 104
Ornament 37
Ornamententwicklung 45

Parallelperspektive 83
Parallelprojektion 83, 94
Parallelverschiebung 32
Perspektive 83
physikalische Wirkung 12
physiologische Wirkungen (Licht) 10
Piktogramm 18, 98 f.
Pinseltechnik 37
Pinselschrift 107
polarer Kontrast 26
polychrome Reihe 22
Präsentation 73, 94, 97, 109 ff.
Primärfarben 22 ff.
Prisma 9
Projekt 99
psychische Farbwirkung 12
psychologische Bedingungen 52
psychologische Voraussetzungen 77
psychologische Wirkungen (Licht) 10
Putz 42, 102

Qualitätskontrast 27
Quantitätskontrast 27

Raumgestaltung 76, 79
räumliche Darstellung 81
räumliches Sehen 81 ff.
Raumproportion 89
Raumverständnis 90
Raumwirkung 89
Reflexion 9
Reibetechnik 103
Remission 9
Remissionswert 7, 40, 52
Remissionswertvergleich 25
Renaissance 61
Rokoko 62
Rolle 42
Romanik 61

Sättigung 24
Sättigungsreihe 21
Schablonenschrift 107
schablonieren 93
Schabloniertechnik 92 f.
Schattenreihe 21, 25
Schmuckelemente 56
Schrift 104 ff.
Schriftgestaltung 108
Schriftkonstruktion 105
Schriftschablone 107
Schwarzanteil 74
Schwarzheit 75
Secco-Technik 102
Sechseck 14
Seitenansicht 83
Sekundärfarben 22 ff.
Sgraffito-Technik 102
Spachteltechnik 37, 103
Spannung 29
Spritzpistole 42
Statik 29
Streichtechnik 103
Streiflicht 39
Strukturen 36 ff.
Strukturierungstechnik 42
Strukturkontrast 44
Stupftechnik 37
Subdominante 27

technische Bedingungen 52
technische Voraussetzungen 77
Tertiärfarben 23 f.
Ton in Ton 21
Tonmalerei 8
Traufenseite 58
Treppenhaus 90
Trimetrie 84

unbunte Farbtöne 7
unmögliche Konstruktion 93

Verhüllungsreihe 21, 25
Versalien 104
Vorderansicht 83

warme Farben 12
weißes Licht 13
Wickeltechnik 103
Wischtechnik 103

Zentralperspektive 84 f.
Zentralprojektion 84
Zugtechnik 103